理工社

跨校或跨专业考研的启明星

决胜跨考

助 力 考 研 人 实 现 梦 想

张爱志 主编

U0353060

北京理工大学出版社
BEIJING INSTITUTE OF TECHNOLOGY PRESS

图书在版编目（ＣＩＰ）数据

决胜跨考 / 张爱志主编 ． -- 北京：北京理工大学
出版社，2023.12

ISBN 978 - 7 - 5763 - 3347 - 3

Ⅰ．①决… Ⅱ．①张… Ⅲ．①研究生 - 入学考试 - 自
学参考资料 Ⅳ．①G643

中国国家版本馆 CIP 数据核字（2024）第 034423 号

责任编辑：龙　微　　文案编辑：杜　枝
责任校对：周瑞红　　责任印制：李志强

出版发行 / 北京理工大学出版社有限责任公司
社　　　址 / 北京市丰台区四合庄路 6 号
邮　　　编 / 100070
电　　　话 / （010）68944451（大众售后服务热线）
　　　　　　（010）68912824（大众售后服务热线）
网　　　址 / http：//www.bitpress.com.cn

版 印 次 / 2023 年 12 月第 1 版第 1 次印刷
印　　　刷 / 三河市燕山印刷有限公司
开　　　本 / 710 mm×1000 mm　1/16
印　　　张 / 18.5
字　　　数 / 336 千字
定　　　价 / 68.00 元

《决胜跨考》产品使用说明

扫描二维码
观看产品使用说明视频

一、产品介绍

《决胜跨考》是橙啦考研规划院针对跨考同学打造的“书 + 课 +AI”一体化的智能教辅产品。本书汇集了考研的干货知识、择校择专业方法论，初复试备考攻略、跨考成功经验和 AI 择校小程序等内容，并且每章都配有视频讲解，旨在为跨考的你提供全面、科学、高效的备考方案和指导，帮助你选择合适的学校和专业，掌握高效的学习方法和技巧，提高备考效率和上岸率。通过本书的学习，相信你会在跨考的道路上跨过重重阻碍，实现自己的梦想。《决胜跨考》产品介绍见图 1。

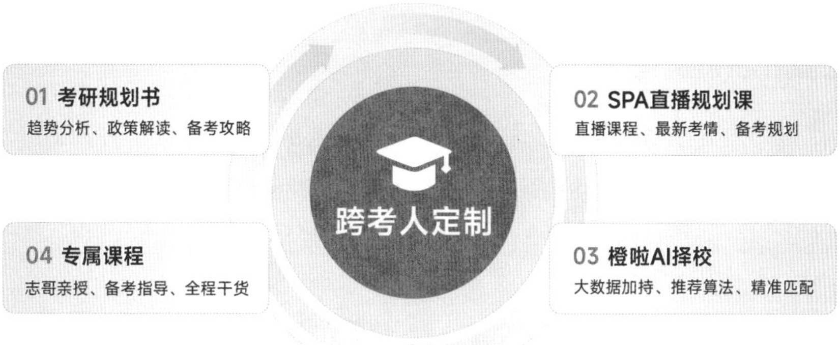
01 考研规划书
趋势分析、政策解读、备考攻略
02 SPA直播规划课
直播课程、最新考情、备考规划
跨考人定制
04 专属课程
志哥亲授、备考指导、全程干货
03 橙啦AI择校
大数据加持、推荐算法、精准匹配

图 1 《决胜跨考》产品介绍

二、书籍内容

本书分 4 篇共 12 章，涵盖考研常识、考研政策解读、择校择专业方法论、高性价比院校推荐、初复试备考攻略、十大热门专业备考攻略、橙啦高分学长学姐经验分享等内容。

第一篇：关于考研

通过对本篇内容的学习，你可以更好地评估自己的备考竞争力，制定相应的备考策略，为备考做好全面的准备。《决胜跨考》第一篇内容介绍见图2。

图2 《决胜跨考》第一篇内容介绍

第二篇：决胜跨考

通过对本篇内容的学习，你可以明确自己是否符合跨考的条件，更好地评估目标专业和院校，运用橙啦择校择专业方法论做出理性的决策，找到适合自己的跨考之路。《决胜跨考》第二篇内容介绍见图3。

图3 《决胜跨考》第二篇内容介绍

第三篇：备考攻略

通过对本篇内容的学习，你可以获得科学有效的备考指导，更好地制订自己的备考计划，合理安排时间和资源，从而提高备考效率和成功上岸的概率。《决胜跨考》第三篇内容介绍见图4。

图 4　《决胜跨考》第三篇内容介绍

第四篇：经验分享

本篇内容可以帮助你避免一些常见的备考误区，同时也可以激发你的信心和决心，让你为未来的考研之路做好充分的准备。《决胜跨考》第四篇内容介绍见图5。

图 5　《决胜跨考》第四篇内容介绍

三、SPA直播规划课

为了帮助各位同学了解最新的考情和备考攻略，我们为大家提供了免费的SPA 直播规划课，本规划课是由橙啦专业老师主讲的直播课程，涵盖公共课复习方法、院校规划和备考规划等内容，各位同学扫描书上二维码即可免费领取课程。SPA 直播规划课领课流程见图 6。

STEP 01
扫描第八章末尾处二维码

STEP 02
输入手机号领取课程

STEP 03
添加助教老师获取课程资料

STEP 04
登录APP，准时上课

图 6　SPA 直播规划课领课流程

四、橙啦 "AI择校"

橙啦为跨考同学打造了一款便捷的择校择专业小程序——"橙啦考研星球"，包括丰富的学校和专业信息以及科学高效的人工智能推荐算法，旨在帮助跨考同学快速找到适合自己的学校和专业。

本书配套了"橙啦考研星球"择校 VIP 权限，各位同学可以扫描书上的二维码，绑定手机号免费获取 VIP 权限。橙啦 "AI 择校"兑换流程见图 7。

STEP 01
扫描书籍折叠封面二维码

STEP 02
登录"橙啦考研星球"

STEP 03
获取兑换码立即兑换

STEP 04
兑换成功跳转"橙啦考研星球"

图 7　橙啦 "AI 择校"兑换流程

五、专属课程

本书重点章节都配套了视频讲解，视频内容为橙啦创始人张爱志老师亲自讲授。视频讲解是对书中内容的扩展和深化，旨在帮助各位同学更好地理解。各位同学如果时间充足，建议先阅读，然后扫码听课，可以更全面、深入地理解和掌握书本中的内容。视频二维码在章节标题的右上角，各位同学扫码即可观看。本书配套专属课程示例见图8。

图8　本书配套专属课程示例

六、意见反馈

亲爱的同学：

感谢您选择橙啦教育出品的"书＋课＋AI"一体化的智能教辅产品。这是我们不断努力提高产品质量和服务的动力源泉。

我们始终坚守初心，致力于为跨考考生提供最全面、最专业的帮助，让每一位跨考考生都能够实现自己的梦想。

这款智能教辅产品是一次大胆的尝试，我们深知这款产品还有很大优化改进的空间，为了不断提高这款产品的质量，我们诚挚地邀请您提供宝贵的意见和建议。

您的反馈将有助于我们不断优化和完善，帮助到更多的跨考人。

如果您对本产品有任何意见和建议，可以关注"橙啦考研"官方公众号，后台给我们留言。

感谢您的支持与信任！

橙啦考研规划院

序 言

要考，就得跨考

说到一般性质的考研，我没有太大兴趣，但一听说跨考就来劲了。为什么跨考甚合我意？我试图自问自答。

首先，既然是要跨考，显然是找到了自己感兴趣的专业和学校，或者是找到了便于自己今后就业、继续发展的专业。无论是哪种情况，我都会为跨考考生的决定感到由衷的高兴。因为，能决定跨考，说明考生的自主意识已高度觉醒——他不再跟风，也不再听天由命，更没有留在舒适区的打算，而是主动选择突破，确实很棒！

其次，决定了跨考，就要自主学习新专业的必要内容，或者自主适应新学校的各种环境，这更棒！因为在大学里，没有比自主学习、主动适应更令人称道的事情了。大学四年，不喜欢原专业、原学校的同学，早就想奔赴自己感兴趣的专业与学校了。现在，既然要跨考，那得自主学习、自主适应。这种跨考的内驱力，比别人用考试分数来拿捏你强一万倍。

再次，跨考让你谦逊，让你对新知识、新领域保持敬畏，保持探索之心。过去填鸭式的教学，可能很欠火候。现在，要跨考了，自己要成为学习的主人，则显得格外兴奋与紧张。以跨专业为例，你不得不主动思考，与该专业有关的几个十分重要的问题：

1. 该新专业在 14 个大的学科门类中，处于什么位置？

2. 该专业与你原来学的专业是什么关系？

3. 该专业的奠基人是谁？他靠什么奠基？

4. 该专业的核心课程是什么？该课程的核心内容是什么？这些内容是如何

发现的？基于什么需要发现的？有没有公认的前提条件？它历经了多少年的发展，才变成今天这个样子？有没有错误的东西从中被剔除？如果有的话，被谁剔除？有没有还没有定论的问题需要继续探索？

5. 这些内容与当前的技术（或者思潮）有什么关联？哪些人在此方面取得较大成就？我今后是否有机会与他们合作？

……

就是这么一条条地查找、一个问题追逐着一个问题，做笔记，查资料，然后自己打包分类，对照甄别、去伪存真。这种主动学习、探索学习的过程真的是棒极了！比起在事先没有准备问题的大课堂上被人灌输，简直不要太棒了！

末了，即使是考不上，自己也有退路——毕竟，我不是这个专业的，我们的教材不同，等等；如果不小心考上了，真正做起研究来，说不定比那些单靠老师投喂的保送生强大很多倍。在这一方面，我有点小小的发言权。当年，为了考上大连理工大学的博士，我拼命自学土木知识（我本硕都是学水利的），几个月下来，总觉得自己不够，帕克那本《钢筋混凝土原理》被我翻得稀烂，但我仍然觉得不够，怀疑自己跟科班的土木人比还是有差距。没想到，博士面试的时候，我说的那些核心公式，几个同时面试的保送生根本不知道。这让我初步理解了"费曼学习法"的绝妙之处——带着问题自学是愉快学习的不二法门。本书作者张爱志先生肯定与我有同感。当年，他是学环境的，靠自学土木、以专业第一名的成绩上岸。可见，在强大的自驱力下，对新专业保持敬畏、保持探索之心，主动学习新知识是多么的爽快！

最后，我来说说信息时代下，跨考的必要性。GPT 时代下，一个人的知识量、专业能力，已经不是决胜秘籍了。真正让我们走得更远的是以下两种能力：

人与人之间，恰如其分的沟通能力。

基于海量信息处理的、正确的判断力。

要做到以上两条，专业化的教育显然已经落伍。所以，"通识教育"在当前的高校方兴未艾。这说明我们每个人都需要有跨出本专业的能力。如果你觉得自己能力还不够强，那么，跨考正当其时。"00 后"的年轻人要考研，首选跨考。不考研也行，直接学习费曼，把自己变成一个学习能力超强的马斯克，哪哪都好使。

我现在是位研究生导师，曾经也是一名跨考生。先跨学校，后跨专业，再跨学校，来回折腾了好几次。我从武汉到宜昌，从宜昌到南京，从南京又回宜昌，再从宜昌到大连，最后定居在北京，一晃就白头了。我在跨考的过程中，认识了非常多有趣的人，明白了一些不可思议的事，这些算是对我跨考决策的一种安慰与奖励。

事实上，我不仅跨越了很多城市，还跨越了很多专业。从水利工程到土木工程，从土木工程到基础力学，从基础力学到建设项目管理，从建设项目管理到影视评论，从影视评论再到 3D 打印……虽说学问不精，但足以糊口，这也是我说"跨考甚合我意"的根本理由。

张爱志先生主编的书——《决胜跨考》，我看后觉得非常熟悉——他描述的问题我都碰到过（或者思考过）；他给出的策略非常接地气，有些还说出了我的心里话。依照本人现在的理解："考"是鉴定，"跨"是灵魂，至于是否可以"决胜"，还得各位考生自己说了算。

黄达海

2023 年 11 月于北京航空航天大学

前　言

高考填报志愿时，我觉得环保是一项伟大的事业，于是选择了环境工程这个专业。结果发现，"生、化、环、材"是传说中的"四大天坑"，就业前景堪忧。那时，我背负着2万元的助学贷款，纠结再三还是决定跨专业考研，报考了土木工程，人生梦想也从成为伟大的环保主义者变成做一个务实赚大钱的包工头。跨考给我带来了人生第一次自主选择命运的转机，我考上了目标专业，也开启了人生新的篇章。

经历过考研的人，都能深切体会到备考过程中的巨大压力，我也不例外。尤其当时，我决定要跨校或跨专业考研，面对的不仅仅是跨考本身带来的压力，专业课、复试、导师的信息差和资料匮乏等种种问题，也时常让我的内心感到孤独与彷徨。每当快要坚持不下去的时候，我会出去跑上5公里[①]，回来再继续学。回想当年跨考之路，有的只是坚持，认准的事儿去做就行了。当时我给自己的路是：考不上就去工地筛沙，第二年继续考！凭着骨子里那股不服输的劲儿，我坚持到了最后，而且成绩也令我惊喜——初试390分，比第二名高了50分。

跨考成功后的那个暑假，我还是去上海张江的工地上筛了一个月的沙，发现距离实现包工头的梦想仍然很遥远。回北京之后，迫于生活压力，我把自己的考研资料和经验整理成册放到网上出售。当时，我很用心地整理这些资料，心想即使只有一个人买，也希望能够在跨考复习之路上真正地帮助到对方。换位思考，"他"也是一年前的我。让我没想到的是，买资料的人很多，他们还把我的资料推荐给了其他同学。就这样，我不仅能养活自己，而且还清了助学贷款。

然而，卖资料这活儿听着就不如搞房地产。所以，我准备收摊继续为包工头

---

① 注：1公里 =1 000 米。

的梦想奋斗。正当此时，有个买过跨考资料的学弟，提着一袋土豆来看我（详见"橙啦教育"视频号），让我重新思考这次创业的意义——"跨考人"是如此需要我。而且我也知道，在这个世界上你不能什么都想要，当你什么都想要的时候，最终可能什么都得不到。于是我果断放弃了当包工头的梦想，同时也放弃了留在北京航空航天大学的机会和北京户口，创办了"跨考教育"，一直到今天的"橙啦教育"。20 年来，我和团队服务的学员超过 100 万人。很多人说我是"跨考"的开创者，其实我的初衷很简单：因为淋过雨，所以想给别人撑伞。

帮助跨考人上岸是我的初心，经过 20 年的积累，我们研究出一套高效的上岸路径。第一步：精准选择、合理规划；第二步：高效复习备考；第三步：全程保障和陪伴。在数字化时代，我们不断整合行业内最专业的老师、最优秀的团队和最先进的技术，为跨考人提供最佳解决方案；同时提供保姆式、全程全科的定制化产品，让跨考人无忧上岸。这就是橙啦 SPA（S 代表定制，P 代表专业，A 代表所有）的目标，它以跨校或跨专业考研人的最佳上岸方案为追求，其核心由四大部分构成：①最大的院校专业数据库 +AI 择校规划 + 人工专家团队咨询，帮你动态择校、精准规划；②头部最专业的师资、助教团队，帮你高效提分；③最权威专业课内部资料库、学长 / 学姐团队、导师库、复试调剂库，帮你超越嫡系考研学子；④全程 4 对 1 的陪伴服务，助你跨越迷茫彷徨，备考全程保持更好的状态。目前橙啦 SPA 每年有超过 10 万的学员，且通过率达到非辅导学员的两倍以上。

《决胜跨考》是橙啦考研 SPA 的第一部分，编写本书的目的就是让更多跨考人消除规划的焦虑，也可以体验到 SPA 的方法论。所以《决胜跨考》的定位不仅是一本书，同时还包含了我和规划团队的课程、AI 择校、规划团队咨询以及跨考全程规划，目的是帮助用户解决认识考研、了解跨考、择校择专业和复习规划等问题。多年来，橙啦团队不断努力，不断创新，通过整合各种教育资源和优秀师资，以 SPA 为核心理念，打造了一系列高效化、个性化、线上线下相结合的考研解决方案，包含了政英数等公共课，覆盖 2 万个硕士点的专业课和复试内容，致力于帮助跨校或跨专业的考研人一站式实现梦想。正是基于这种使命感和责任感，我们将本书作为橙啦考研 SPA 解决方案的一部分，希望能够为跨考的学员们提供最佳的帮助。

虽然创业之路充满了艰难险阻，但教育将是我终身为之奋斗的事业。当代的年轻人充满了无限的潜力和可能性，我坚信只要给予正确的引导和支持，他们一定能够创造出不可思议的成就，为社会创造更大的价值。创业 20 年仅仅是我人生的上半场，今天的橙啦仍然是一个持续奋斗的年轻团队，我们将坚持与年轻人的青春与梦想同行。

最后，我想感谢我的导师黄达海教授，很遗憾没有追随他的步伐成为混凝土领域的专家，但从他身上学会的做人做事的道理让我受益终身。借此机会，我也请他来作序，一起帮助当下迷茫的年轻人。同时，我也想感谢橙啦的合伙人华遵、周于、刘安良、韩磊、艾力等，以及其他核心团队，他们与我并肩而行，以"追求极致"的精神一起打造了橙啦考研 SPA，并不断地优化迭代，助力每一位跨考人实现梦想。除此之外，我们还一起搭建了公考、英语、出国和就业 SPA 解决方案。人生中大大小小的选择无数，无论如何做选择，你的命运都不应止步于过往。橙啦的追求是搭建学员通往美好明天的桥梁，通过跨考 SPA 或出国 SPA 到理想的专业和大学改变自身命运，通过公考 SPA 或就业 SPA 找到理想工作。

我要感谢橙啦的老师石雷鹏、李达、汤家凤、喻攀、边一等，还有二讲、助教、学长学姐团队，是他们的共同努力，为 SPA 产品注入了内容和服务的灵魂，也为学员的梦想插上了起飞的翅膀。另外，我还要感谢产品教研、编辑团队的倡文、京环、高明、王菲等，是他们的精益求精，才有了这本"书课 AI 包"的出版。限于篇幅，还有诸多为本书做过贡献的伙伴不一一感谢。

橙啦教育 CEO

目　录

第三篇　备考攻略

Preparation Guide for Postgraduate Entrance Examination

第四篇　经验分享
Successful Experience Sharing

考研无界　梦想跨越

1

第一篇

关于考研

CHENGLA

第一章
当前考研形势分析

勇于开始，才能找到成功的路。

扫描二维码
获取本章视频课程

第一节　六大考研趋势解读

一、研究生报名人数上涨趋势放缓

近年来，随着高校毕业生人数的增多，就业压力加大，尤其是在非全日制研究生参加统考、研究生扩招等因素的影响下，研究生考试报名人数呈现快速上涨趋势，其中2019年报名人数达到290万人，比上一年增加了52万人，增幅为21.84%，随后报名人数进入了快速增长期，尤其是2022年报名人数达到了457万人，比上一年增加了80万人，增幅为21.22%。

研究生报名人数增长率变化与经济发展和就业压力刺激有一定的关系，近十几年里只有2014年和2015年有过下降，2015年以来，报名人数出现连续增长。尤其2022年全国普通高校毕业生达到1 076万人，是历史上首次突破千万，高校毕业生人数的增加，成为考研报名人数增加的重要推手。

2024年考研报名人数为438万，比2023年下降36万人，这个变化幅度属于正常范围。报考意愿下降是由多方面原因造成的，比如选择出国留学的人数增加、选择直接就业的人数增加、保研的人数增加、考公务员的人数增加，等等。考研报名人数的下降体现出大家不再盲目报考，选择逐步趋于理性。报名人数虽然下降，但考研竞争仍然激烈，大家不能掉以轻心，仍需要认真准备才能在竞争中脱颖而出，考上自己理想的院校。2010—2024年研究生报名人数见图1-1。

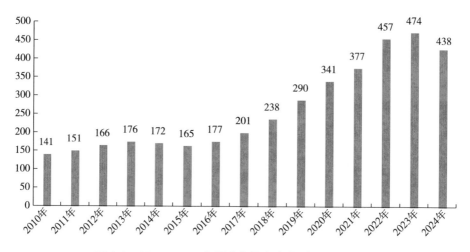

图 1-1 2010—2024 年研究生报名人数（单位：万人）

二、研究生招生规模持续增长

在过去的五年里，研究生报名人数保持了快速增长的趋势，这与国内研究生培养单位的招生规模呈正相关。研究生招生规模在 2017 年增加了近 14 万人，增幅为 20.99%，2020 年增加了近 20 万人，增幅为 21.81%，除了这两年招生人数有较大涨幅外，其他年份招生人数都保持低速上涨。除了总招生人数的增加，我们还注意到，近几年专业型硕士的招生数量比学术型硕士有了更明显的增长。尤其是 2023 年开始，有很多高校的个别专业开始停招学术型硕士，导致专业型硕士的招生人数占比更大了。

虽然研究生招生人数整体是上涨的趋势，但是如果具体到某个学科门类上，还是有比较明显的差异，比如近几年哲学的招生人数基本不变，而农学、教育学、艺术学、医学等专业的招生人数均有了成倍的增长。所以同学们在择校择专业时，如果想要参考相关数据作为决策依据，建议把数据细化到各个专业，甚至是院校。2010—2023年研究生招生人数见图1-2。

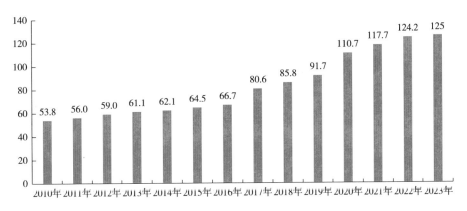

图1-2　2010—2023年研究生招生人数（单位：万人）

三、二战考研以及在职考研人群占比增加

随着考研竞争越来越激烈，二战考研和在职考研的人数也在不断增加，通过图1-3可以看到，在2020届的本科毕业生中，只有3.4%的人会选择二战考研，2021届是4.3%，2022届是4.9%，我们可以明显地看到，二战考研报名人数在不断增加。二战考研考生的增加，原因之一是考生有了之前的备考经验，第二次考研上岸的概率确实会增加，我们往年上岸的很多同学二战考研的人数也不少。而每年二战考研的人群中不乏在职人士，这部分人当初本科毕业的时候考研没上岸，就业后感觉对目前的职业前景不满意，想要通过读研来进一步提升自己的竞争力。而对于在职人士来说，考研最重要的一个原因就是研究生毕业后可以有更好的就业前景和更高的薪资水平。从历年各个专业统计数据来看，硕士学历的毕业生在职场的起薪会比本科学历的高一些，同时硕士学历也

会给在职人士带来更大的晋升空间和更广阔的就业空间。二战考研人数变化趋势见图1-3。

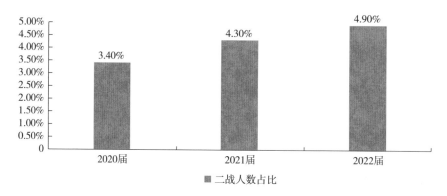

图 1-3　二战考研人数变化趋势图

四、专业型硕士的报考人数赶超学术型硕士

从教育部公布的数据来看，2012 年全国硕士研究生招生总人数中，专业型硕士的占比为 49.9%，经过十年的变化，到了 2022 年专业型硕士的占比已经达到 63%，可以看到从 2012 年到 2022 年，专业型硕士的招生人数增长率为 136%，而学术型硕士的招生人数增长率为 38%。由此可见，国家对于大力发展专业型硕士的重视和投入程度。

2022 年考研学科门类中，艺术学、哲学、教育学、文学、管理学以及工学门类下，学术型硕士招生名额相比 2021 年呈现下降趋势。历史学、经济学、管理学、医学、文学门类的专业型硕士招生人数呈现上升趋势。复旦大学、北京大学、西南大学、四川大学等多所"双一流"高校宣布部分专业停招学术型硕士。从部分高校 2022 年硕士研究生报考情况看，专业型硕士报考占比均高于学术型硕士。

从国家各部委的相关政策中，我们可以感受到国家对于专业型硕士培养的重视。政策中提到在研究生招生规模进一步扩大的背景下，新增硕士学位原则上以专业型硕士为主。专业型硕士的招生规模最终将会扩大到硕士研究生招生总规模的 2/3 左右。

随着考研政策的改变，考生对于专业型硕士和学术型硕士的认知也开始发生改变，考生不再盲目追求学术型硕士，开始根据自身实际情况、专业选择以及职业发展规划，理性地选择硕士类型，就业市场也逐渐开始认可专业型硕士的能力。专业型硕士招生人数占比见图 1-4。

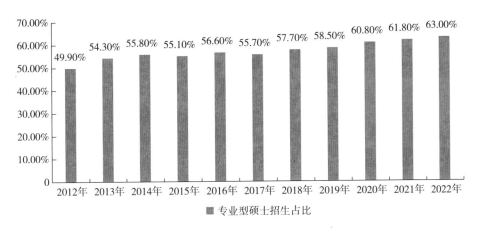

图 1-4　专业型硕士招生人数占比

五、就业是考生读研首要动机

网络上发起的一项关于考研动机的调查显示，改变学校背景、提高就业竞争力是考研的主要动机，占比超过 70%；明确对学术感兴趣，想要走科研这条路的同学占比约为 25%；而比较茫然，还没有做好就业准备，以及把考研作为就业备选的同学分别达到 30% 和 21%。由此可以看出，对于大部分同学来说，更好的就业目前仍然是考生读研的首要动机。值得注意的是，换一个感兴趣的专业占比达到了 40%。可以看出，在高考报志愿选择专业的时候，很多同学没有经过认真思考，通过大学四年的学习才找到了自己真正的兴趣所在。考研是重新选择专业的机会，各位同学一定要重视专业的选择，这个选择可能决定了你未来的就业方向和职业领域。考研动机调查结果见图1-5。

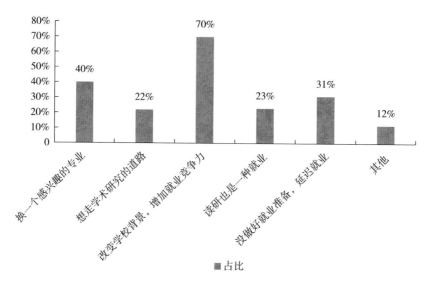

图 1-5　考研动机调查结果

六、非全日制报考人数增多

2016年9月，教育部办公厅印发了《关于统筹全日制和非全日制研究生管理工作的通知》（教研厅〔2016〕2号）。通知明确在职研究生纳入非全日制研究生，与全日制研究生实行并轨统考。非全日制研究生纳入统考，意味着非全日制研究生考试难度加大，也意味着考生上岸要付出更多的努力。尤其是对于在职人士来说，需要跟全日制的考生考同一张试卷，用同样的判卷标准以及同样的分数线。

非全日制硕士再也不是随便考考就可以上的研究生了。但有舍就有得，非全日制研究生顺利毕业后，将拥有"双证"（学历证书和研究生学位证书），和全日制研究生相同。通过更多努力换来的是一个含金量更高的研究生证书，是值得的。

《关于统筹全日制和非全日制研究生管理工作的通知》中明确，自2017年起，全日制和非全日制研究生由国家统一下达招生计划，考试招生执行相同的政策和标准，培养质量坚持同一要求，学历学位证书具有同等法律地位和同等效力。不允许就业市场区别对待全日制硕士和非全日制硕士。

因此，非全日制研究生成了众多在职考生的首选，全日制和非全日制统一招生以来，报考非全日制的考生占比逐年增长。

第二节 这些"新风向"值得关注

一、交叉学科或成新热点

在国内硕士研究生培养方面，第十四大学科门类"交叉学科"仍属于一个较新的领域。

2020年9月，教育部、国家发改委、财政部联合印发《关于加快新时代研究生教育改革发展的意见》，明确指出要适应社会需求变化，加快学科专业结构调整，建立交叉学科分类发展新机制，设立新兴交叉学科门类，支持战略性新兴学科发展。2020年12月，国务院学位委员会决定设置交叉学科门类，并确定了集成电路科学与工程和国家安全学两个一级学科。2021年1月，国务院学位委员会正式发布《交叉学科设置与管理办法（试行）》，交叉学科门类下辖一级学科的数量增长比较迅速，从2020年12月的两个一级学科发展到了2022年6月的九个一级学科。

2022年教育部发布的新版学科目录已正式启用，从各大高校陆续发布的2024年研究生招生目录中可以看出，交叉学科招生院校已达193所，其中46所高校有多个交叉学科招生。交叉学科中已有五门一级学科和一个专业学位类别开始招生，而纳米科学与工程、区域国别学、密码专业暂无院校招生。设计学一级学科由艺术学门类调整至交叉学科门类，文物专业学位类别由文物与博物馆专业学位类别拆分而来，故设计学一级学科、文物专业学位类别招生院校较多。2024年各院校交叉学科计划招生总人数达 1 200 人（不含设计学一级学科、文物专业学位类别招生人数），其中集成电路科学与工程一级学科计划招生 818 人，占比达 68%。

交叉学科的出现，一方面是基于知识生产的需要。相对于过往边界划分明确的单一学科而言，交叉学科可以提供更多元的理论基础和视角，更容易产生创造性成果。另一方面是基于人才培养的需要。在高校里，设立和调整学科，归根结底在于社会需要的人才类型发生了变化，需要高校及时做出反应，强化复合型人才培养。

随着时代的进步，市场对于复合型人才的需求越来越大，可以预见未来交叉学科将逐渐成为报考的热门专业。交叉学科专业目录见表 1-1。

表 1-1　交叉学科专业目录

专业代码	专业名称	硕士类型
140100	集成电路科学与工程	学术型硕士
140200	国家安全学	学术型硕士
140300	设计学	学术型硕士
140400	遥感科学与技术	学术型硕士
140500	智能科学与技术	学术型硕士
140600	纳米科学与工程	学术型硕士
140700	区域国别学	学术型硕士
145100	文物	专业型硕士
145200	密码	专业型硕士

二、逆向考研人数增加，趋势明显

近些年，随着考研人数增多，竞争越发激烈，有些同学开始选择逆向考研，广义的"逆向考研"指学生在考研的时候，选择在名气、排名等方面不如自己本科学校的大学。

　　狭义的"逆向考研"指"双一流"高校的学生，考研目标不再局限于"双一流"高校，而将普通院校也列入选择范围。

　　随着考研竞争压力越来越大，相比上名校，稳妥上岸逐渐成为部分考研人的追求。尤其是一些热门高校和热门专业，有很多优秀的学生报考，但是招生名额有限，即使再多优秀的人也总会有人黯然收场，于是很多考生选择退而求其次，以图稳妥上岸。

　　网络数据显示，近五年"逆向考研"的比例，从 2019 年的 4.1%，逐渐上涨到 2023 年的 6.1%。追随中意的导师或项目、为今后的生活和工作打算、提升考研"上岸"的概率是考生"逆向考研"的三大主要原因。

　　很多双非院校 2023 年的报考人数大幅增长。排在首位的桂林医学院同比增长达到 66.3%。江西农业大学一志愿报考人数首次突破 5 000 人大关，海南医学院、安徽工业大学、云南民族大学、延安大学、重庆理工大学的同比增幅也都在 30% 以上。

　　"逆向考研"其实也是考研热逐渐冷静的理智选择。每个考研同学，都应该综合考虑多种因素去选择自己的目标院校，如院校实力、就业前景、考研上岸率等，而不是只盯着学校的排名和名气。"逆向考研"比例趋势见图 1-6。

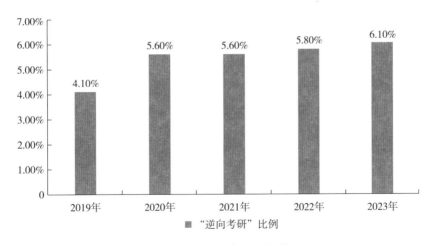

图 1-6 "逆向考研"比例趋势图

问：志哥，2024 年考研人数报名下降，您对未来的考研形势
怎么看？

　　确实，现在考研竞争非常激烈，报名的人也越来越多，在我看来，未来的考研形势
有下面三个特点：

　　1. 考研报名人数下降属于正常趋势，但是考研竞争依然激烈。

　　2. 专业分化，国家需要以及就业好的专业招录和报名人数都会上涨，如工科的电子、
集成电路等。

　　3. 学校差异化，各地的学校实力会更加均匀，不盲目扎堆北上广深、各自"回家"
将是趋势。

第二章

考研动机与抉择

要做出最好的选择，就要对所有的可能性有全面的了解。

扫描二维码
获取本章视频课程

第一节　为什么要考研？

众所周知，在现在的社会形势、就业压力下，很多本科毕业的同学都会选择读研来继续深造。在这种情况下，很多同学并没有想清楚：为什么要考研？考研到底适不适合自己？看见别人考研，在从众心理的影响下，也会跟风选择考研。下面就给大家分析一下大多数同学考研的动机，看看有没有你的原因。

一、考研是提升能力和知识水平的重要途径

相对于本科阶段来说，研究生阶段更加注重学术研究和专业知识的深入学习。通过读研，学生们能够接触到更高层次的知识，拓宽自己的学术视野。此外，研究生阶段的学习更加注重实践能力的培养和研究方法的运用，这对于提高自身能力和就业竞争力都有重要意义。

二、考研为个人未来发展提供更广阔的空间

在当前社会竞争日益激烈的环境下，研究生学历对于某些职业发展路径是必要的。在某些领域，如医学、法律、工程等，研究生学历是从事相关职业的入场券。如果你梦想成为一名医生、律师或工程师，那么考研几乎是不可避免的选择。研究生学历能够为个人的职业发展提供更多机会和选择。研究生学历是很多岗位晋升和高薪职位的基本要求，拥有研究生学历，不仅能提升个人在职场中的地位，还能够获得更好的薪资待遇和发展空间。

三、考研可以追逐自己的兴趣，提升专业水平

很多人的本科专业不是自己的兴趣所在。主要是因为当初填报志愿的时候对所报考专业的研究领域、应用价值和发展前景不甚了解，或是因为分数低而被硬性调剂到其他并不感兴趣的专业，或是由父母、亲人代为选择。进入大学后他们才发现自己对本专业实在提不起兴趣，通过某些途径或机缘巧合，他们开始对其他专业产生了兴趣，于是想在自己感兴趣的领域深造和发展。对大多数院校而言，如果你进入大学后第一年扎实、勤奋地学习，成绩能排在年级前10%，那么在大二开学时通常会有一次转专业的机会。如果没把握住这次机会，通过考研来选择自己感兴趣的专业也是一个不错的选择。此外，还有些人在工作岗位上待了几年之后终于发现了自己真正的兴趣所在，想在感兴趣的领域深造，那么考研也是理想的选择之一。

四、考研也是一个提高个人综合能力的过程

很多同学在初高中阶段的学习更多的是依靠老师，学习较被动，自主性也较差。大学期间没有老师的督促了，他们便更没有什么学习动力了，甚至期末

考试都是考前突击。但是考研不一样，考研的整个过程全靠自己，没有老师督促，更多依靠自驱力，需要自己选择报考的院校、专业，收集考试信息、考试资料，在备考过程中会面临各种困难和挑战，需要克服种种困难才能够成功考研上岸。这个过程将增强个人的毅力、耐力和抗压能力，同时也会培养学生独立思考和解决问题的能力。参加过考研的同学，无论最后有没有考上，个人综合能力都会有一个质的飞跃。

五、构建更优秀的社交圈，为个人未来发展铺路

在象牙塔的同学，大部分都比较单纯，未来进入社会参加工作，会逐渐意识到人脉和圈层的重要性。很多名校毕业的同学，就是靠着高质量的人脉和圈层走上了人生巅峰。俗话说："近朱者赤，近墨者黑。"与优秀的人同行，你也会变得优秀。对于各位同学来说，你们最大的人脉就是自己的同学圈子，而通过考研，进入更好的高校，结交更优秀的同学，提高自己朋友圈的质量，构建一个高质量的社交圈，将会是你人生的一个加分项。事实上，某些专业就给大家提供了一个这样的平台，比如像 MBA 或 EMBA 这样的专业，国内高校学费要十几万元到几十万元不等，世界名校的项目学费要大几十万元，甚至上百万元。MBA 或 EMBA 聚集了各地优秀的企业家，本质上就是为大家提供一个平台，让你认识更多的朋友，扩展自己的圈子。所以说读研是拓展自己人脉和提升圈层的重要途径。

总的来说，决定是否要考研，应该基于个人的职业目标、兴趣和资源状况。需要明确自己的优势、弱点和兴趣，这样才能做出最适合自己的选择。而且无论做出何种选择，都应在未来的职业生涯中不断努力进取，这样才能更好地实现自己的理想。

第二节　为什么要跨考？

每年考研的同学里，很多人会选择跨考。无论是跨地区、跨学校还是跨专业，都属于跨考的范畴。绝大部分同学会选择跨地区和跨学校，会考一个比自己本科更好的院校。还有一部分同学，可能并不喜欢本科专业，所以在考研的时候会选择跨学校、跨地区、跨专业，俗称"三跨"考研。"三跨"的难度这么大，为什么还会有这么多同学选择跨考？跨考的好处可以归结为以下几点。

一、跨考可以实现个人职业发展的转型

有些人可能在高考填报志愿的时候并没有深思熟虑，导致大学选择了一个并不适合自己的专业。随着大学四年的学习，他们意识到原来的专业并不是自己的真正兴趣所在，或者不符合自己的职业发展规划。而且在本科期间他们逐渐找到了自己未来的职业发展方向。那么，跨考就成了一个理想的选择。

二、跨考可以拓宽个人知识范围、提升技能

虽然不同专业之间的知识体系和技能要求存在差异，但是通过跨考，个人能够接触到更多新领域的知识和专业技能，这有助于拓宽个人的视野，提升个人综合素质和能力。多学一门专业也会带来更多的就业机会，增加个人职业发展的可能性。很多同学在本科阶段学习的是基础学科，比如数学专业，在考研的时候往往会选择跨考金融专业。一方面，金融专业非常欢迎本科学习数学的同学报考，因为金融专业在研究生阶段往往要用到大量的数理知识来建立模型，另一方面，本科学数学的同学也不太好就业，所以跨考到金融专业也可以获得更好的就业前景。

三、跨考可以到更好的平台上提升自己

很多同学在考研的时候会选择继续考本专业，但会选择跨考名校。有一部分同学由于高考没发挥好，心里一直有一个名校梦，想要通过考研进入自己理想的院校，实现高考未圆的梦想。还有部分同学觉得本科院校的师资条件和学习资源无法满足自己的学习需求，想要到更好的平台进一步提升学术和科研能力，希望通过跨考让自己无论在科研还是就业方面都能有更多的机会。

四、跨考也是一个追求个人兴趣和梦想的过程

通过大学四年的学习，很多同学发现自己对于本专业并不感兴趣，更谈不上热爱，但是本科期间通过学习和实践，逐渐找到了自己真正感兴趣的专业。所以选择跨考，进入自己真正感兴趣的领域，追求自己热爱的事业，并且从中获得更大的满足感和成就感，实现自己的人生价值。

五、跨考也是一个锻炼个人适应能力和自我挑战的过程

跨考并不是一件容易的事情，需要付出大量的时间和精力。需要重新学习新的专业知识和掌握新的专业技能，同时也要适应新的学习环境。跨考过程中会面临许多困难和挑战，也非常考验一个人的毅力。但是通过这样的历练，自身不仅会取得很大的进步和成长，同时也能提高自己解决问题和应对困难的能力。

总的来说，跨考其实没有大家想象中那么难。不管你是否跨考，英语和政治作为公共课对大家来说都是一样的。对于大多数跨考的同学来说，难点可能主要在于专业课，选择考本专业可能会有一定优势，而跨考其他专业则需要重新学习专业知识。但是，请各位同学好好想一想，在大学期间自己是否真的有认真学习过本专业？我相信有些同学对本专业可能也是一知半解，所以考本专

业的优势似乎也没有那么大。如果跨考其他专业，大家的专业基础可能区别不会特别大。所以即使是跨考，大家也不用过于担心，如果想完成从不满意专业到理想专业的转型，拓宽个人知识范围、提升技能，锻炼个人的适应能力，那么，一定要勇敢追梦，勇敢跨考！

第三节　考研与工作如何选择？

考研与工作如何选择是许多大学毕业生面临的问题。考研是继续深造的一种方式，可以提高个人学术水平，增加就业竞争力。工作则是走向社会，实践所学知识的机会。如何在这二者之间做出正确的选择呢？

一、需要考虑自己的兴趣与职业规划

如果有志于深耕学术领域，且对学术研究具有强烈的兴趣，并希望将来从事相关的职业，那么选择考研是较为合适的。如果对职场感兴趣，想尽早进入社会历练，那么选择工作可能更适合你。有些同学本身性格比较稳重，对学术研究感兴趣，且有耐心在一个专业领域深耕，就很适合考研；有些同学属于比较外向的，社交和工作能力很突出，在校期间有很多社会实践，这类同学就较适合参加工作。

二、需要考量自身的能力和背景

考研需要一定的学术基础和研究能力，如果自身科研基础平平，可能会增加考研和读研的难度。工作则更加注重实践能力，如果在校期间已经有较好的实习经验或者专业技能，那么选择工作可能更有优势。往年总能见到有些同学下决心考研，不仅跨校，而且还跨专业，但是备考复习过程中，发现专业课太难学不下去，导致最后放弃考研；还有些同学虽然考上了研究生，但是由于专业基础差，跟不上读研的节奏，在课题组没什么存在感；或者读研后感觉跟自己想象中的研究生生活不太一样，读不下去，最后退学的也比比皆是。所以，各位同学在是否考研这件事上，还是要考虑自身的实际情况。

三、需要考虑就业市场的需求和竞争情况

某些专业，尤其是文科类专业，就业市场竞争激烈，毕业生就业压力较大。如果个人认为自己在就业市场上竞争力不足，可以选择通过考研提升学历来增加自己的竞争力。而对于就业市场需求较大的某些专业，可以优先考虑就业，在积攒工作经验后再读非全日制研究生也是一个不错的选择。比如工科类专业，工科是培养学生技术和工艺能力，且操作性很强的专业，例如计算机、通信、电气等专业，本科生的就业前景也很不错。再如语言文学类中某些侧重实践性的专业，如新闻学、外语类等专业，考生需要到实践中去学习锻炼。所以，像新闻学这类专业的同学应先到社会中实践、锻炼几年后再根据自己的发展需要决定是否要考研，这样才能够将实践和理论很好地结合在一起。

四、需要考虑自身的长远发展

考研和工作各有利弊，考研可以为将来从事学术研究打下良好基础，但需要付出较多的时间和精力。工作可以积累丰富的职场经验，为将来的职业发展创造更多可能性。可能有同学会问，那先工作几年之后再考研怎么样？对于有这种想法的同学，志哥的建议还是一步到位。原因主要有以下几点：

（一）考研 or 工作，规划要趁早

对于一些热门工作岗位来说，年纪是一个不可忽略的因素。比如公务员，35 岁之后就不允许报考了。同样，企业里更是年轻人的天下，现在许多互联网公司的员工，平均年龄都在 35 岁以下。如果要走学术道路，读研、读博更要趁早，当你 40 岁才博士毕业，别人早早已经拿出科研成果当上博士生导师了。所以，无论考研还是工作，年轻就是你的优势，规划要趁早。

（二）在职备考困难重重，不像在校生有充足的复习时间

一般来说，在职考生只能利用下班后的碎片化时间复习，时间和精力都非常有限。很多毕业多年的在职考生，大量基础知识早已经遗忘，尤其是英语，大学的时候过了六级，工作几年后，长时间不用，发现英语水平已经倒退到高中甚至初中。所以很多同学最后考研都栽在了英语上。数学就更难了，很多人在上学期间数学学起来就很吃力，毕业后在职备考就更没时间和兴趣学枯燥的数学了。在职考研能够成功上岸的人都是目标明确、意志坚定、执行力强且能吃苦的人。因此，在职考研成功的概率远小于应届考生。

（三）工作之后的备考环境和学校有天壤之别，不利于集中学习

大家毕业后仍然非常怀念上学的时光，更多的还是怀念象牙塔里的单纯，不论是人还是环境。在校期间备考，不仅可以全身心投入，身边也都是志同道合、共同奋战的研友，大家每天谈的话题大多也和复习备考相关。工作后的考研就是一个人的战斗。工作后不仅不能全身心投入，身边的朋友大多谈的也是买房买车、升职加薪等话题，想静下心来复习很难。更别说作为一个已经步入社会多年的人，还要承担起家庭责任，这些事情都会分散掉你部分的精力和时间，让你无法专心备考。

总之，考研还是工作，是当前很多毕业生面临的问题。这不仅是职业生涯规划，更是人生选择。个人兴趣和职业规划、经济状况、就业市场需求以及个

人学术能力和学习能力都是需要考量的因素。每个人都应结合自身实际情况，权衡利弊，做出最适合自己的选择。如果你下定决心要考研，就要全力以赴，坚持到底，结果一定不会差！

问：志哥，现在很多同学考研都有点盲目或者跟风，您对目前准备考研的同学有什么建议吗？

对于考研尤其是跨考的同学，我有以下三个建议：

1. 不建议所有同学都考研，但强烈建议不满意自己专业和学校的同学跨考。跨考是一次可以自己选择所爱专业和学校的机会，不容错过。

2. 如果想跨考，越早决定越好，最好在大学阶段你精力最充沛、时间最充足的时期完成跨考，且要提前一年以上准备。

3. 一旦确定选择跨考，就应该 all in，全心注入、全力以赴。这是命运之轮给我们最好的一次机会。

第三章

考研常识

机会只偏爱有准备的头脑，努力是通往成功的必经之路。

扫描二维码
获取本章视频课程

第一节　考研基本常识

一、什么是考研

（一）考研的含义

"考研"是参加"全国硕士研究生入学考试"的简称，广义的"考研"还包括"考博"。研究生是继大专和本科之后更高层次的学历。在中国大陆地区，一般也将硕士毕业生称为"研究生"，将博士研究生称为"博士"。研究生入学考试就是成为研究生的门槛。目前我国招收研究生的二级学科、专业已经发展到 1 900 余个，分布在 113 个一级学科、14 个学科门类中。经教育部批准，现有招收硕士研究生的单位大概有 869 个，其中，科研机构占 1/3以上。

（二）关于××考研

我们常说的"××考研"，比如"2024 考研"指的是 2024 年 9 月份入学的研究生考试，而不是 2024 年参加考试。所以"2024 考研"的同学参加的是 2023 年 12 月份举办的研究生入学考试。研究生入学考试通过，然后 2024 年 9 月份就可以到学校报到，正式成为一名研究生了。

二、研究生分类

（一）学术型硕士和专业型硕士

普通高等教育统招硕士研究生按学位类型分为两种：学术型硕士和专业型硕士（见表 3-1）。

表 3-1　学硕和专硕的区别

学位类型 项目	学硕	专硕
培养目标	教学型和科研型	应用型和实践型
培养方向	培养从事科学研究、创新工作的能力	以实际应用为导向，以职业需求为目标
入学难度	英语一，数学一，难度大	英语二，数学二，难度小
学费	一般 8 000 元 / 年	不同专业费用不同
学制	一般 3 年	一般 2 年
读博	一般可以直博	不能直博
报考条件	应届和非应届都可以报考	部分专业要求工作经验

（二）全日制硕士和非全日制硕士

按学习形式可分为两种：全日制硕士研究生，简称"全日制"；非全日制硕士研究生，简称"非全"。"全日制"和"非全"均采用相同考试科目和同等分数线选拔录取（见表3-2）。

表 3-2　全日制硕士和非全日制硕士的区别

项目 \ 学习形式	全日制	非全日制
入学方式	全国统考	
考试内容	考试科目试卷一样	
上课情况	在校学习，课程较慢	周末上课或集中授课
毕业情况	毕业证含有全日制字样	毕业证含有非全日制字样
学费	较低	较高
食宿问题	一般学校提供宿舍	一般学校不提供宿舍
奖学金补助	有	没有

（三）非定向研究生和定向研究生

研究生培养类别分国家计划内非定向研究生和定向研究生。

"非定向研究生"是指在录取时不确定未来的工作单位，在校期间享受国家规定的奖学金和其他生活待遇。考生入学时要将档案、人事、户口关系转到学校，毕业时就业实行"双向选择"。

"定向研究生"是指国家计划内定向培养，录取前考生工作单位、录取学校、考生本人三方签署定向培养协议。档案、人事、户口、工资关系仍留在原工作单位，考生毕业后回原单位工作。一般不享受奖学金和其他生活待遇。

三、研究生考试报名

（一）基本条件

1. 中华人民共和国公民。

2. 拥护中国共产党的领导，品德良好，遵纪守法。

3. 身体健康状况符合国家和招生单位规定的体检要求。

4.考生学业水平必须符合下列条件之一：

（1）国家承认学历的应届本科毕业生（含普通高校、成人高校、普通高校举办的成人高等学历教育等应届本科毕业生）及自学考试和网络教育届时可毕业本科生。考生录取当年入学前（具体期限由招生单位规定）必须取得国家承认的本科毕业证书或教育部留学服务中心出具的《国（境）外学历学位认证书》，否则录取资格无效。

（2）具有国家承认的大学本科毕业学历的人员。

（3）获得国家承认的高职高专毕业学历后满 2 年（从毕业后到录取当年入学之日，下同）或 2 年以上的人员，以及国家承认学历的本科结业生，符合招生单位根据本单位的培养目标对考生提出的具体学业要求的，按本科毕业同等学力身份报考。

（4）已获硕士、博士学位的人员。

注：在校研究生报考须在报名前征得所在培养单位同意。

（二）特殊规定

1.报名参加法律（非法学）专业学位硕士研究生招生考试的人员，须符合下列条件：

（1）符合第（一）条中的各项要求。

（2）报考前所学专业为非法学专业（普通高等学校本科专业目录法学门类中的法学类专业 [代码为 0301] 毕业生、专科层次法学类毕业生和自学考试形式的法学类毕业生等）不得报考。

2.报名参加法律（法学）专业学位硕士研究生招生考试的人员，须符合下列条件：

（1）符合第（一）条中的各项要求。

（2）报考前所学专业为法学专业（仅普通高等学校本科专业目录法学门类中的法学类专业 [代码为 0301] 毕业生、专科层次法学类毕业生和自学考试形式的法学类毕业生等）可以报考。

3. 报名参加工商管理、公共管理、工程管理硕士中的工程管理 [代码为 125601] 和项目管理 [代码为 125602]、旅游管理、教育硕士中的教育管理、体育硕士中的竞赛组织专业学位硕士研究生招生考试的人员，须符合下列条件：

（1）符合第（一）条中的各项要求。

（2）大学本科毕业后有 3 年以上工作经验的人员；或获得国家承认的高职高专毕业学历或大学本科结业后，符合招生单位相关学业要求，达到大学本科毕业同等学力并有 5 年以上工作经验的人员；或获得硕士学位或博士学位后有 2 年以上工作经验的人员。

工商管理硕士专业学位研究生相关考试招生政策同时按照《教育部关于进一步规范工商管理硕士专业学位研究生教育的意见》（教研〔2016〕2 号）有关规定执行。

（三）单独考试

1. 符合第（一）条中的各项要求。

2. 取得国家承认的大学本科学历后连续工作 4 年以上，业务优秀，已经发表过研究论文（技术报告）或者已经成为业务骨干，经考生所在单位同意和两名具有高级专业技术职称的专家推荐，定向就业本单位的在职人员；或获硕士学位或博士学位后工作 2 年以上，业务优秀，经考生所在单位同意和两名具有高级专业技术职称的专家推荐，定向就业本单位的在职人员。

招生单位不得按单位、行业、地域等限定单独考试生源范围，也不得设置其他歧视性报考条件。

四、研究生考试的时间和内容

（一）考试时间

考研初试时间一般在每年 12 月的倒数第二个周末进行，初试时间见表 3-3。

表 3-3 研究生考试初试时间

初试时间	周六	周日
08：30—11：30	思想政治理论（100 分）/ 管理类联考综合能力（200 分）	业务课一（数学或专业课一）（150 分）
14：00—17：00	外国语（100 分）	业务课二（专业课或专业课二）（150 分）

（二）考试内容

研究生考试共四门：两门公共课、一门基础课（数学或专业基础）、一门专业课。

两门公共课：政治、外国语。

一门基础课：数学或专业基础。

一门专业课（分为 14 大类）：哲学、经济学、法学、教育学、文学、历史学、理学、工学、农学、医学、军事学、管理学、艺术学、交叉学科等。其中法硕、西医综合、教育学、历史学、心理学、计算机、农学等属于统考专业课；其他非统考专业课都是各高校自主命题。研究生考试科目分类见表 3-4。

表 3-4 研究生考试科目分类

总分	考试科目		包含专业
总分 500 分	考高等数学	政治（100 分）	理工类专业、农学、经济学、金融学、管理学、统计学、计算机、土木工程等
		外国语（100 分）	
		数学（150 分）	
		专业课（150 分）	
	不考数学	政治（100 分）	文学、教育学、历史学、哲学、医学、法学、艺术学等
		专业课一、二（300 分）	
		外国语（100 分）	
总分 300 分	考初等数学	外国语	MBA、MPA、MPAcc、工程管理、公共管理、旅游管理、图书情报管理审计等
		管理类联考综合能力	

关于考研的整体流程及时间线见表 3-5。

表 3-5　考研整体流程及时间线

时间	事件
7—9 月	院校招生简章公布
9 月中旬	官方考研大纲公布
9 月下旬	考研预报名
10 月中旬	考研正式报名
11 月中旬	现场确认或网上确认
12 月上旬	打印准考证
12 月底	考研初试
次年 2 月中旬	查初试成绩
次年 3 月中旬	国家线公布
次年 3—4 月	复试 & 调剂
次年 6—7 月	录取通知书邮寄
次年 9 月	研究生入学

五、研究生报名

研究生报名一般从每年 9 月中旬开启，一直到 10 月下旬结束。以 2022 年为例，具体流程见图 3-1。

图 3-1　研究生考试报名流程（以 2022 年为例）

（一）网上报名

网上报名时间一般在每年的 10 月份，考生网报必须登录"中国研究生招生信息网"（http：//yz.chsi.com.cn/）免费注册之后按照提示要求填报信息获取报名号。

考生自行登录"中国研究生招生信息网"浏览报考须知，按教育部、考生所在地省级高校招生办公室、报考点以及报考招生单位的网上公告要求报名。在报名期限内，除"报考单位""报考点"和"考试方式"等信息外，其他已提交的网报信息，考生仍可通过输入报名号和密码登录网报系统进行修改、校正。"报考单位""报考点"和"考试方式"等信息，一经确认提交，将不允许修改，请考生慎重选择。

（二）预报名和正式报名

每年正式报名前，研招网会开通预报名，预报名的目的一方面是帮助考生了解报名流程，另一方面则是缓解集中报名造成的网络访问高峰。预报名和正式报名两个阶段填写的信息均有效。已在预报名阶段填写报名信息，生成报名号并成功缴费的考生，无须在正式报名阶段重复报名。

报名期间，考生可自行修改网上报名信息或重新填写报名信息，但一位考生只能保留一条有效报名信息。逾期不再补报，也不得修改报名信息。

（三）现场确认或网上确认

1. 确认地点

（1）应届本科毕业生原则上应选择就读学校所在地省级教育招生考试机构指定的报考点。

（2）单独考试考生应选择招生单位所在地省级教育招生考试机构指定的报考点。

（3）其他考生（含工商管理、公共管理、旅游管理、工程管理等专业学位考生）应选择工作所在地或户口所在地省级教育招生考试机构指定的报考点（相关具体要求由所在地省级教育招生考试机构因地制宜、合理确定）。

（4）所有考生均应当对本人网上报名信息进行认真核对并确认。报名信息经考生确认后一律不作修改，因考生填写错误引起的一切后果由其自行承担。

2. 确认所需材料

考生网上确认时应当积极配合报考点工作人员，根据核验工作需要，按要求提交相关材料，核对并确认其网上报名信息并配合采集本人图像等相关电子信息（见图 3-2）。需要提供的材料：

（1）本人居民身份证。

（2）学历学位证书（应届本科毕业生持学生证）。

（3）网上报名编号（即网上报名成功后系统显示的 9 位数字报名号）。

（4）学历（学籍）相应核验材料。

未能通过学历（学籍）网上校验的考生应在招生单位规定时间内完成学历（学籍）核验，根据招生单位要求提供相应核验材料，具体时间和要求请咨询招生单位。

（5）其他报考点或招生单位规定的相关材料。

确认网报信息　　上传准考证照片　　上传手持身份证照片　　上传报考点要求材料　　及时关注审核结果

图 3-2　研究生考试网上确认流程

六、研究生考试分数线

（一）国家线

国家线即全国硕士研究生招生考试考生进入复试的基本分数要求，是基础分数线，想要有资格参加复试必须通过国家统一划定的分数线。国家线一般在每年的 2 月底 3 月初公布。

（二）单科线

单科线是政治、英语、数学、专业课的最低录取线，只有在总分和单科线都过了的情况下才有资格参加复试。

（三）学校线

学校分数线（简称学校线）是各招生单位在国家线的基础上，根据本校有关专业生源余缺确定的复试资格线。部分学校会直接采用国家线。另教育部批准的 34 所院校可以自主确定分数线，自划线学校一般在每年的 3 月中旬前后公布分数线。

（四）专业录取线

录取线不同的专业会根据拟招人数按 1∶1.2 或 1∶1.5 来确定复试名单，然后通过复试之后才会确定最终的录取名单，最终录取名单里笔试成绩最低的考生分数，就是专业录取线，这条线能反映报考院校的真实难度。

七、关于一区和二区（见表3-6）

考研招生单位分一区和二区，同时国家线划定分为 A、B 两类。其中一区实行 A 类线，二区实行 B 类线。一般二区考研难度低于一区，报考人数相对较少。

表 3-6　考研招生单位关于一区、二区的划分

一区	北京、天津、河北、山西、辽宁、吉林、黑龙江、上海、江苏、浙江、安徽、福建、江西、山东、河南、湖北、湖南、广东、重庆、四川、陕西
二区	内蒙古、广西、海南、贵州、云南、西藏、甘肃、青海、宁夏、新疆

八、34所自主划线院校（见表3-7）

表 3-7　34 所自主划线院校名单

北京	清华大学、北京大学、中国人民大学、北京航空航天大学、北京理工大学、中国农业大学、北京师范大学
天津	南开大学、天津大学
辽宁	大连理工大学、东北大学
吉林	吉林大学

黑龙江	哈尔滨工业大学
上海	复旦大学、同济大学、上海交通大学
江苏	南京大学、东南大学
浙江	浙江大学
安徽	中国科学技术大学
福建	厦门大学
山东	山东大学
湖北	武汉大学、华中科技大学
湖南	湖南大学、中南大学
广东	中山大学、华南理工大学
四川	四川大学、电子科技大学
重庆	重庆大学
陕西	西安交通大学、西北工业大学
甘肃	兰州大学

九、十四大学科门类

（一）学科门类

考研专业分为十四大学科门类，分别是：[01] 哲学；[02] 经济学；[03] 法学；[04] 教育学；[05] 文学；[06] 历史学；[07] 理学；[08] 工学；[09] 农学；[10] 医学；[11] 军事学；[12] 管理学；[13] 艺术学；[14] 交叉学科。

（二）不考数学的专业

不考数学的专业主要包括哲学、法学、教育学、文学、历史学、军事学、管理学（部分）、艺术学，具体考试科目看招生简章和考试大纲。

十、研究生复试

研究生复试一般分为笔试和面试，部分专业考查上机操作或实验操作。其中，笔试一般是专业课程，面试一般包括自我介绍、英语问题、专业问题等，具体以报考学校的复试要求为准。值得注意的是，部分院校的复试近几年开始采用线上的形式。

十一、研究生调剂

如果过了目标院校的单科线，恭喜你，请准备复试。

如果没过目标院校的单科线，但是过了学校线，那么可以选择校内调剂。

如果没过学校线，但是过了 A 类国家线，那么可以选择全国各地区你达到要求的院校进行调剂。

如果过了 B 类国家线，没过 A 类国家线，那么只能选择 B 类院校进行调剂。

如果 B 类国家线也没达到，那么请审慎考虑自己的人生规划后再做选择。

十二、历年考研人数报录比

历年研究生考试报考人数与录取人数（见图 3-3）。

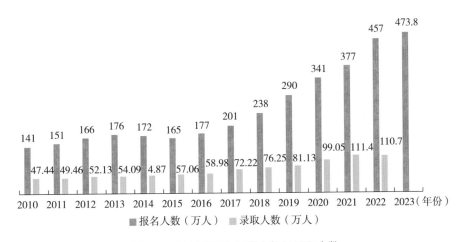

图 3-3　历年研究生报考人数与录取人数

十三、考研必备网站

（一）中国研究生招生信息网

中国研究生招生信息网（见图 3-4）简称"研招网"，是全国硕士研究生报名和调剂信息指定网站，也是考研人必备网站之一，网站上有很全的院校信息和专业资讯，可以根据自己的目标地区、目标院校和目标专业进行搜索。尤其到了每年 9 月份会开通预报名系统，一直到考前均需要密切关注研招网，而且考研初试网上报名、准考证打印、成绩查询、复试调剂等均在此网站进行操作。

图 3-4　中国研究生招生信息网截图

（二）目标院校的研究生院官网

各高校研究生院官网也是考研人必备的网站之一。很多考研的同学会轻视报考学校官网，反而更喜欢从一些非官方渠道了解所报考学校的信息。尤其在择校初期，很多信息都在学校研究生院官网上发布。比如院系介绍、往年分数线、往年录取情况、报录比、招生目录、导师信息、专业课大纲、参考书目、院系联系方式，等等，甚至有不少院校会在官网发布历年真题！所以，报考院校的研究生官网一定不能疏忽。清华大学研究生招生网见图 3-5。

图 3-5　清华大学研究生招生网截图

第二节　考研流程

考研流程见图 3-6。

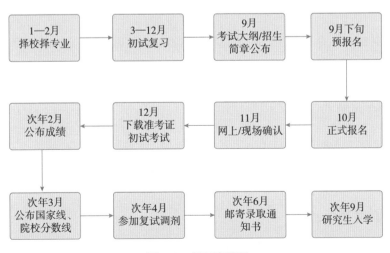

图 3-6　考研流程图

一、推免申请

具有推荐免试资格的院校，每年 7—9 月会对外发布该校推免方案，符合推免条件的同学需要按照相关要求提交所需文件。原则上来说，参加推免且被录取的考生不得参加统考，若推免生参加统考则视为放弃推免资格。招收推免考生的院校需要在当年 10 月 25 日前公布拟录取推免生名单。具体的推免流程和推免的注意事项详见本书第四章第一节特殊政策的内容。

二、考研大纲发布

每年 9 月，教育部会发布当年统考公共课及统考专业课考试大纲。在各科考试大纲中，会明确相应科目的试题结构和考试内容。每年的考试大纲内容基本不会大动，部分科目会做细微调整，同学复习备考可以参考往年大纲。每年发布的研究生考试大纲分为公共课考试大纲和专业课考试大纲，以下科目会单独发布考试大纲。

（一）公共课

公共课发布的考试大纲主要包括 101 政治、201 英语（一）、204 英语（二）、202 俄语、203 日语、301 数学（一）、302 数学（二）、303 数学（三）。

（二）统考类专业课

统考类专业课发布的考试大纲主要包括 311 教育学专业基础综合、333 教育综合、312 心理学专业基础综合、313 历史学基础、306 西医综合、307 中医综合。

（三）联考类专业课

联考类专业课发布的考试大纲主要包括 314 数学（农）、315 化学（农）、414 植物生理学与生物化学、415 动物生理学与生物化学、408 计算机学科专业基础综合、199 管理类联考综合能力、398 法硕联考专业基础（非法学）、498 法硕联考综合（非法学）、397 法硕联考专业基础（法学）、497 法硕联考综合（法学）、396 经济类联考综合能力。

三、招生简章、专业目录发布

招生简章、专业目录发布的时间在每年 7—10 月，各学校公布的招生简章中通常包含学校基本情况介绍、热门专业及学院介绍、各专业报考条件和录取政策、历年报录数据、常见问题汇总、联系方式、收费标准等详细信息，以便大家及时了解报考学校最新的招生政策及安排。

志哥温馨提示

9 月份大纲发布后，各位同学 定要多关注院校官网的招生公告并及时查看最新的考试信息。每年关于考试的新变化，比如新增招生专业、考试科目变化、招生人数变化、考试大纲变化、研究生学制变化、专业停招等信息都会影响到各位同学的备考，一定要及时关注。

2024 考研最新政策示例

1. 研究生学制变化，大量专硕由 2 年调整为 3 年
   - 中国矿业大学 057101 英语笔译学制改为 3 年。
   - 北京工业大学经济与管理学院金融（专硕）和会计（专硕）拟将原学制 2 年调整为学制 3 年，每学年的学费标准不变。
   - 天津大学外国语学院外国语言文学一级学科学术型硕士研究生基本学制调整为 3 年，并于 2024 级硕士研究生开始执行。

2. 专业停招
   - 浙江大学心理学专业（代码 040200）自 2024 级开始停止招生。
   - 厦门大学法律硕士（非全）专业自 2024 年起停止招生。

• 上海交通大学法律（法学）、法律（非法学）自 2024 年起暂停招生。

3.新增专业

• 复旦大学新增材料与化工、生物与医药专硕。

• 吉林大学新增人工智能专硕。

• 暨南大学新增人工智能专业。

4.调整考试科目和参考书目

• 山西大同大学物理与电子科学学院：材料与化工（专硕）各研究方向自命题科目统一变更为"816 物理学基础"。教育科学与技术学院：（0451）现代教育技术研究方向初试自命题业务课二变更为"807 教育技术学"。

• 北京交通大学发布关于调整材料科学与工程、材料工程专业 2024 年硕士研究生招生初试自命题科目的公告：080500 材料学与工程原业务课二《材料工程基础》调整为《材料科学基础》；085601 材料工程原业务课二《材料工程基础》调整为《材料科学基础》。

• 西安交通大学外国语学院发布关于调整 2024 年硕士研究生招生考试部分初试自命题科目的通知：外国语言文学方向二外科目只保留日语二外，删除俄语二外、德语二外和法语二外三门考试科目。

四、网上报名

每年报考硕士研究生一律采取网上报名。

（一）预报名

1.预报名的时间

考研预报名时间为每年 9 月 24—27 日，每天 9：00~22：00。

2.预报名的目的

考研预报名主要是为了帮助考生提前了解报名流程以及缓解正式报名人数

激增给报考系统带来的压力。

3. 预报名和正式报名的区别

预报名等同于正式报名的前置，预报名和正式报名同样有效，如果你的预报名信息正确且已缴费成功，则无须再参与正式报名。如果想修改信息，可以在正式报名期间进行修改。但如果预报名时已经生成报名序号，之后又发现填报的信息有误，或者想变更报考学校、专业等，则正式报名期间不能在此基础上进行修改。

4. 预报名之前相关的注意事项

（1）报名前务必再仔细浏览一下意向院校公布的最新招生政策，毕竟往年有不少院校临考前出现了换考试科目、换参考书、缩招等一系列调整。考研就是一场信息战，掌握的信息越全面及时，上岸的概率就越大。

（2）报名前请再审慎思考一下报考的目标院校，全面评估一下现阶段实力是否适合报考，建议理性评估后再报名。

5. 部分省份考生比较多，需要抢考点，所以建议各位同学尽早进行预报名。

6. 部分地区只允许应届生预报名，往届生要看具体省份的政策。

7. 预报名需要做好哪些方面的准备？

（1）身份证（身份证即将过期的同学，一定要提前补办）。

（2）学生证（应届生需要）。

（3）毕业证、学位证证书编号（仅往届生需要——可以登录学信网查询）。

（4）提前注册好研招网、学信网账号。

注：研招网和学信网的账号是互通的，一般在大学期间就已经注册好了，可以提前登录查看，如果未曾注册的话，在预报名之前要注册好，以防预报名期间网络拥挤。

（5）档案所在地信息。

- 应届生档案随着升学走，档案在学校，就写学校的名称和学校的地址。
- 往届生档案所在地一般填写为户口所在地的人才市场，需要咨询户口所在地人才市场确认。

（二）正式报名

1. 网上报名时间一般为每年的 10 月 5—25 日（逾期不再补报，也不得修改报名信息）。

2. 正式报名期间，所有考生均允许报名。

3. 预报名成功的同学，如果不再修改信息，则正式报名阶段无须再次报名。

（三）报名流程

1. 登录研招网，点击研究生考试报名版块，开始报名。

2. 阅读《考生诚信考试承诺书》和各省及招生单位网报公告，点击同意。

3. 填写个人信息，进行学籍（学历）校验。

4. 填写报考信息。

（1）招生单位：目标院校 / 专业 / 研究方向。

（2）考试方式：全国统考 / 单独考试 / 管理类联考 / 法硕联考 / 强军计划 / 援藏计划。

（3）专项计划：强军计划 / 援藏计划 / 少数民族骨干计划 / 退役大学生士兵计划 / 无。

（4）报考类别：非定向就业 / 定向就业。

（5）选择报考点。

5. 点击"下一步"确认报名信息。

6. 勾选"本人承诺信息完整属实，符合相关规定"，然后点击"确认报名"，系统会再次请你确认选填信息是否无误，点击"确认"即可生成 9 位数字报名号。

6. 出现"网上交费"按钮，支付成功后，网上报名成功。

7. 网报期间一定要下载最终报名信息表，有些招生单位后期审核材料时会要求提供报名表。

（四）官方报名流程图（见图3-7）

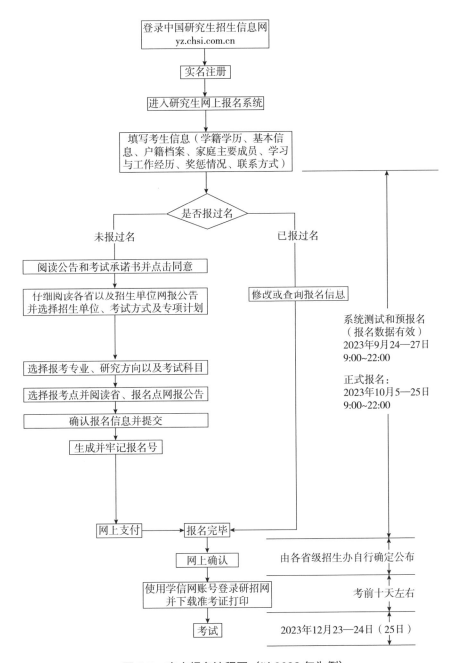

图 3-7 官方报名流程图（以 2023 年为例）

五、现场 / 网上确认

网报成功后，考生要在规定时间内到指定报考点进行现场 / 网上确认，现场 / 网上确认具体时间、要求由各省级教育招生考试机构根据本地区报考情况自行确定和公布，一般确认时间在每年 11 月份。需及时关注各省级教育招生考试机构发布的公告，并按规定完成现场核对确认个人网上报名信息、缴纳报考费、采集本人图像信息等工作。逾期不再补办。

（一）现场确认 / 网上确认的内容

1. 确认网报信息。

2. 准考证照片。

3. 本人身份证。

4. 提交（上传）报考点要求的其他材料以供核验。

（二）现场确认地点

1. 在校应届生前往就读学校所在省（市、区）的报考点确认。

2. 非在校应届生前往户口所在地的省级教育招生考试机构指定的报考点确认。

3. 往届生前往工作或户口所在地的省级教育招生考试机构指定的报考点确认。

4. 单独考试考生前往招生单位所在地的省级教育招生考试机构指定的报考点确认。

（三）现场确认 / 网上确认带（传）什么

1. 本人身份证。

2. 学历学位证书（应届生持学生证）。

3. 网报编号（网报成功后生成的 9 位数字报名号）。

4. 在录取当年 9 月 1 日前已取得国家承认的本科毕业证书的自学考试、电大和网络教育本科生，须持颁发毕业证书的省级高等教育自学考试办公室或网络教育高校出具的相关证明。

5. 未通过网上学籍（学历）校验的考生，在现场确认时应提交学籍（学历）认证报告。

6. 报考"退役大学生士兵计划"的考生还应提交本人的《入伍批准书》和《退出现役证》。

7. 选择报考点为户口所在地的考生要带上户口簿。选择报考点为工作所在地的往届生，要带上报考点要求提供的材料，详见各省网报公告。

六、打印《准考证》

（一）打印《准考证》的流程

1. 登录"中国研究生招生信息网"填写用户名和密码。

2. 按照网页提示要求点击网上报名，找到电子版准考证并点击下载。在下载准考证之前，注意核对个人信息，包括身份证信息和报考专业要求等。

3. 信息确认无误后，将电子版准考证格式改为 PDF 后点击保存。

4. 准考证下载完毕后可自行打印。在打印时建议用 PDF 阅读器打开，否则比较容易出现文字缺失的情况。

（二）关于《准考证》的注意事项

1.《准考证》由考生使用 A4 纸在规定时间内上网自行下载打印。准考证正、反两面在使用期间均不得涂改或书写。考生凭下载打印的《准考证》及居民身份证参加考研初试和复试。

2. 考生凭本人《准考证》及有效居民身份证按规定时间进入考场，对号入座。入座后将上述证件放在桌面左上角以便核验。

3.《准考证》打印时，建议多打印几张留作备份，避免意外发生。纸质版在保存时不要胡乱折叠，以免条形码损坏或者变模糊，导致扫描不出来。

4. 关于是否要携带文具，准考证上会有说明，有些院校允许携带相应文具，有些则不允许。

七、考研初试

全国硕士研究生招生考试包括初试和复试两个阶段。初试由国家考试中心统一组织，复试由招生单位自行组织。

1. 考试时间：每年 12 月的最后一个周末 / 倒数第二个周末（一般在 12 月 23—26 日之间）。

2. 具体日期由教育部在当年 8—9 月份公布。

3. 考试时间超过 3 小时的科目在第三日进行，考试开始时间为 8：30，截止时间由招生单位确定。

4. 每科开考 15 分钟后考生不得进入考场。考生交卷离场时间不得早于当科考试结束前 30 分钟。

5. 考试科目及具体安排（见表 3-8）：

表 3-8　研究生考试初试科目及具体考试安排

第一天		第二天		第三天
上午 （8：30~11：30）	下午 （14：00~17：00）	上午 （8：30~11：30）	下午 （14：00~17：00）	上午和下午 （8：30~11：30）
政治或管综	外国语	数学 / 专业课	专业课	专业课

八、初试成绩查询及复查

1. 研究生考试初试成绩一般是在初试结束后一个半月公布，一般为每年 2 月中下旬。

2. 2023 年研究生考试初试成绩公布最早的是 2 月 21 日。

3. 初试成绩查询方式。

（1）中国研究生招生信息网中省招办发布的信息栏目。

（2）报考院校的研究生招生网。

（3）××省招生考试信息网 /××省教育考试院。

4. 成绩单显示。

-1 表示"缺考"；-2 表示"违纪"；0 表示"缺考"或"信息填写错误"（如准考证号写错）。

5. 如果对个人成绩有异议，可以按照招生单位统一安排申请复查。

九、复试分数线

（一）国家线公布时间

考研国家线一般在 3 月中下旬公布，教育部会结合当年招生计划及报考情况，分别确定一区和二区考生进入复试的基本分数线。一般在研招网上查询国家线，部分可以在目标院校研究生院官网上查询。

国家线不仅包含总分，还会划定单科分数线。如果单科没过线，即便总分过线也无法参加复试。

（二）34 所自主划线院校公布时间

一般 34 所自主划线院校复试分数线会先于国家线公布，在每年 2 月底或 3 月初结合本校招生计划及报考情况自行确定。报考自主划线院校的同学如果未能过线，在国家线公布后应第一时间申请调剂。

（三）其他院校复试分数线划定

其他非自主划线院校在国家线的基础上，根据本校各专业生源余缺情况确定复试分数线。有些学校的复试线会直接采用国家线，热门学校的复试线则可能高于国家线。具体情况参考各院校研究生招生网通知。除了 34 所自主划线院校外，其他各大院校复试分数线不允许低于国家线。

十、复试

（一）复试时间

非自主划线院校在国家线公布之后，将结合国家线及本校招生计划，划定本校复试分数线，且会陆续安排复试。复试时间一般从 3 月底开始，4 月底结束。因此，在国家线公布后，需要及时关注所报考院校的最新公告。

（二）复试内容

复试一般考查专业能力（笔试或面试）、外语听说能力（面试）、综合素质能力（面试），部分专业会有政治、专业技能测试（上机编程、实验操作）、心理测试以及加试内容。

（三）复试成绩

复试总成绩计算方法不同，具体看各高校政策。录取总成绩是把初试成绩和复试成绩加权，一般各占比 50%。

十一、调剂

（一）调剂的含义

调剂是指如果一志愿没上岸可以再有一次选择的机会。即初试成绩通过国家线，就有机会参加其他院校（非报考院校）的复试。

（二）哪些学生可以参加调剂

1.考生通过了国家线，却没有通过报考院校的自主划线。因此，考生需要寻找其他学校的复试机会。

2.考生参加了报考院校的复试却遗憾被淘汰。因此，也需要寻找其他院校的复试机会。

3.考生觉得自己的成绩应匹配更好的学校，因此放弃报考院校的复试名额，寻找调剂到更理想的学校的机会。

（三）调剂的条件

1.符合调入专业的报考条件。

2.初试成绩符合报考专业在调入地区的全国初试成绩基本要求，即需要通过国家线。

3.调入专业与报考专业相同或相近，应在同一学科门类范围内（不允许跨学科调剂）。

4.考生初试科目应与调入专业初试科目相同或相近，其中统考科目原则上应相同。初试科目中不考数学的考生，调入初试科目考数学的专业，则需在复试中加试数学。

（四）不允许调剂的情况

1.未过 B 类国家线。总分没过 B 类线或单科没过 B 类线都不能调剂。过了 B 类未过 A 类线，可在 B 类内调剂，不可调剂至 A 类。

2.专硕不可调剂至学硕（有少量特例）。

3.调剂专业不可与报考专业差别较大。专业代码前两位不同，不可调剂。专业代码前两位相同，统考公共课也必须相同才可调剂。公共课相同、专业课相同或相近可调剂。

4.报考工商管理、公共管理、旅游管理、工程管理、会计、图书情报、审计专业硕士的考生可相互调剂，但不得调入其他专业；其他专业考生也不得调入以上 7 个专业。

5. 法硕（非法学）不得调剂到其他专业，其他专业也不得调入法硕（非法学）专业。

6. 少数民族骨干计划的考生不得调剂到该计划外录取；退役大学生士兵计划的考生可以调剂到其他有退役大学生士兵计划的院校，如果该院校没有相关计划则不允许调剂。

7. 参加单独考试（含强军计划、援藏计划）的考生不得调剂。

8. 临床医学专业专硕可以按政策调剂到其他专业；其他专业不得调入临床医学专业类的专业学位。

9. 非全日制不得调剂到全日制，全日制可以调剂至非全日制。

（五）调剂的流程

1. 登录

考生凭网报时注册的用户名和密码登录"中国研究生招生信息网"的网上调剂系统。

2. 查询

考生在填报调剂志愿前需认真阅读各招生单位在其院校信息栏里或其他途径公布的调剂要求，登录调剂系统后可查询各招生单位的专业缺额信息。

3. 报名

通过调剂系统选择已发布缺额的招生单位和专业填报调剂志愿（可同时填报三个志愿）。调剂志愿填好后需及时登录系统查看志愿状态和招生单位的复试通知，如果收到复试通知，请按照招生单位的调剂要求办理相关手续，并通过调剂系统回复是否同意参加复试。

4. 待录取

复试结束后，如果符合录取条件，将收到招生单位发送的"待录取通知"。考生必须在招生单位要求的时限内答复是否接受"待录取"，否则招生单位可随时取消"待录取"。一旦考生同意"待录取"，在未征得该招生单位允许的情况下，不能再接受其他单位"待录取"。

5. 复试没有通过

此类考生仍可继续填报调剂志愿，选择其他符合调剂要求的院校。

6. 注意事项

考生填报调剂志愿时，个人联系方式尤为重要。联系方式是招生单位主动联系考生的重要途径，需准确填写。

（六）调剂的注意事项

1. 一定要确认全国调剂系统开放的准确时间是在哪天。

2. 有些学校官网不会提前放出调剂信息，需要提前打电话给研招办咨询，沟通过程中不要害怕对方会不耐烦，只要电话能接通，就要尽可能多问、多了解有用信息。

3. 所有准备调剂的同学都必须通过全国调剂系统进行申请和录取。

4. 全国调剂系统开放之后，开放调剂学校的名额会逐渐减少，且竞争会越来越激烈，为了抢调剂名额，很多同学凌晨还在网上刷相关调剂信息。

5. 调剂有时候也看运气，比如有的学校在调剂系统中会设置一些条件，目的是录取优质生源。对于初试高分且调剂志愿还有空缺的同学，建议可以争取一下自己心仪的院校，说不定你就是那个幸运儿。

十二、公布录取名单

1. 一般在复试结束后的 1~2 周，目标院校的学院官网会公布拟录取名单。

2. 公布拟录取名单不代表最终确认被录取，如果因个人问题被举报，则院校会取消录取资格。

3. 拟录取名单一般会公示不少于 10 个工作日。

4. 公示结束后拟录取名单会发送到省（市）教育厅审核，审核通过即确认正式录取名单。

十三、体检

1. 每个学校的体检要求不同，要看学校的具体要求，需注意医院等级和体检项目。

2. 有些院校在复试报到后直接安排体检，体检合格后再进行其余环节的考核。

3. 有些院校会把体检安排在复试之后，待所有复试环节完毕后再进行体检。

4. 有些院校会安排考生在当地二级甲等医院参加体检。

5. 有些院校会安排考生在自己学校的校医院参加体检。

十四、政审

1. 考研政审即你所报考的院校对你进行政治审查，了解你本人的政治历史及直系亲属和主要社会关系等情况，内容一般包括考生的基本个人信息以及政治思想水平鉴定、何时何地受过何种奖励处分等。不同院校可能会做一些细微的调整，视院校具体情况而定。

2. 关于政审，部分院校会要求考生参加复试的时候提交本人的政审表，也有部分院校在复试结束、拟录取名单公布以后才要求考生提供政审表。

3. 应届生只需要下载政审表模板，交学院填写盖章即可。已经参加工作的往届生，政审表可以交由所在单位人事部门或人才交流中心填写盖章。如果是还未参加工作的"二战考生"，则可以自己填写好后去以下地点盖章：

（1）本科学校。

（2）户口所在地派出所或者街道居委会。

（3）档案存放地点，比如当地的人才市场。

十五、录取通知书发放

1. 录取通知书一般在每年 6 月到 7 月之间发放，按照网上报名填写的详细地址邮寄。

2.如果有变更邮寄地址的同学，一定要及时联系录取院校进行更改。

3.研究生录取通知书丢失，可以联系录取院校进行补发。即便不补发也不影响正常入学、注册学籍等。

十六、研究生入学

1.根据各报考院校安排，每年9月初统一办理研究生入学。

2.如果没有办法按学校统一规定时间入学报到，可以提前向学校说明情况。若无任何理由超过两周不报到，则视为放弃入学资格。

3.研一如果没有办法正常就读，入学之后可以选择休学。

4.如果入学时并未取得本科相应的毕业证书或学位证书，则报考院校有权利取消录取资格。

问：志哥，在考研的备考流程中，您觉得哪个环节特别需要注意？

　　考研的备考流程中，每一个环节其实都很重要，如果要我说一个的话，那就是择校择专业的环节。我认为考研是选择大于努力的事情，我知道很多同学可能跟我当年考研的原因差不多，本科专业就业不太理想，所以想通过考研换一个感兴趣并且就业前景好的专业，我当年是从环境工程专业跨考到了当时非常热门的土木工程专业。所以各位同学在择校择专业的时候一定要有前瞻性，别总盯着当下就业好的专业，很可能你三年读出来，就业市场就是另一番风景了。

第四章
考研政策解读

机会是留给有准备的人，永远不要放弃任何一个可能成功的契机。

扫描二维码
获取本章视频课程

第一节　特殊政策

一、推荐免试

（一）什么是推荐免试

推荐免试研究生，简称"推免"，是指依据国家政策，普通高等学校按规定对本校优秀应届本科毕业生进行遴选，经确认其免初试资格，由招生单位直接进行复试考核的一种方式。也称为"保研"。

（二）推荐免试的条件

1. 一般推免条件

申请者需为纳入国家普通本科招生计划录取的应届毕业生（不含专升本、第二学士学位、独立学院学生），具体要求如下：

（1）具有高尚的爱国主义情操和集体主义精神，社会主义信念坚定，社会责任感强，遵纪守法，积极向上，身心健康。

（2）勤奋学习，刻苦钻研，成绩优秀；学术研究兴趣浓厚，有较强的创新意识、创新能力和专业能力倾向。

（3）诚实守信，学风端正，无任何考试作弊和剽窃他人学术成果记录。

（4）品行优良，无任何违法违纪受处分记录。

（5）对有特殊学术专长或具有突出培养潜质者，经三名以上本校本专业教授联名推荐，经学校推免生遴选工作领导小组严格审查，可不受综合排名限制，但学生有关说明材料和教授推荐信要进行公示。

（6）在制定综合评价体系时，可对文艺、体育及社会工作特长等因素予以适当考虑。但具备这些特长者必须参加综合排名，不得单列。高等学校可按上述要求制定推免生的具体条件，但应符合法律、行政法规和国家政策。

2. 具体推免条件

（1）优秀本科生

通常要求申请者具有优秀的本科成绩，一般要求GPA（平均绩点）在一定范围内，如3.5/4.0或以上。

（2）科研成果

通常要求申请者拥有一定的科研成果，如发表论文、获得专利、参与科研项目等，这样可以增加申请者获得免试资格的机会。

（3）获奖荣誉

申请者在本科阶段取得过一定的学术或科技竞赛的奖项和荣誉，如国家级奖项、省级奖项等，可以增加获得免试资格的机会。

（4）推荐信

通常需要申请者提供教师或导师的推荐信。推荐信应该对申请者的学术能力、科研潜力和个人品质进行积极评价。

（5）其他条件

有些院校或招生单位可能还会考虑其他因素，如专业背景、实践经验、综合素质等。

（三）推荐免试提交的材料

1. 申请表。

2. 自荐信。

3. 导师推荐信、专家推荐信 2 封。须两位具有副教授以上职称的专家分别撰写推荐信，且推荐信写好后需密封并在封口骑缝处签字。

4. 成绩单。本科阶段成绩单原件，并加盖本科学校教务主管部门公章。

5. 由申请者现所在学校教务处提供同意推荐免试的证明信，并加盖公章。

6. 获奖证书复印件、发表的学术论文等复印件。

7. 大学英语考试证书原件，或 TOEFL/GRE/IELTS 成绩证明一份。

此外，申请人还需提交体现自身学术水平的代表性学术论文、出版物或原创性工作成果等材料。（以上材料不需邮寄，参加复试时提交即可。）

（四）推荐免试的流程（见图 4-1）

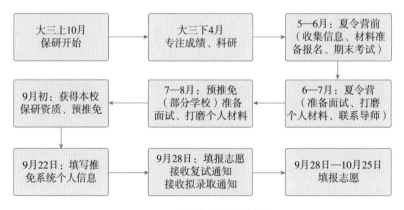

图 4-1 推荐免试的流程

（五）推荐免试的注意事项

1. 申请夏令营时要注意是否需要邮寄材料。有些学校只需要网上报名即可，但有些学校还需要再次邮寄纸质材料，如果要求邮寄但未邮寄，则网上报名视为无效。

2. 联系导师越早越好。不要等到夏令营再开始联系导师，报名阶段就可以开始联系，因为导师名额有限，如果联系得晚可能名额已经招满了。

3. 面试要实事求是，不卑不亢。面试时要展示出你的自信与谦虚，如果不会就直接说不会，切勿不懂装懂。简历中所写内容要确保真实，切勿出现面试官问你关于简历中所参加比赛的经历等问题时一问三不知的情况。

4. 面试时的英文自我介绍需流利背诵。

5. 推免初期建议尽可能多地参加夏令营，申请夏令营的时间和期末考试可能会冲突，部分同学会选择将推免重心放至预报名阶段。但夏令营是一个了解学校以及和导师沟通的好机会，如果推迟至预报名，有些导师可能已经在夏令营期间和学生完成互选，这样导师名额减少，也会导致自己心态变得急躁。

6. 申请学校的时候要勇于尝试。除了申请自己心仪的院校，也建议广撒网，多申请几所其他院校。通过夏令营或者申请过程中的了解你会发现，其实每一所院校都有自己独特的风格和优势。另外，选择了推免就请坚持到最后，不要轻易放弃。

二、硕博连读

（一）什么是硕博连读

硕博连读，是指招生单位在本校就读硕士研究生中择优遴选已完成规定课程学习，成绩优秀且具有较强创新精神和科研能力的硕士生直接攻读博士学位。

硕博连读通常在研究生二年级时进行申请和选拔。在选拔期间，学生不需要完成硕士毕业论文。如果博士学业无法顺利完成，学生可以继续进行硕士论文的研究。如果硕士论文未能通过审核，则学生将无法获得硕士学位。另外有些学校则是先让学生完成硕士课程并交付可以达到毕业水平的硕士论文，若论文过审，则可直接进入博士阶段。如果论文未达到毕业要求，则需要先取得硕士学位。

（二）硕博连读的招生要求

1. 招生对象

具备硕博连读资格的优秀全日制在读硕士研究生。

2. 报考条件

（1）拥护中国共产党的领导，具有正确的政治方向，热爱祖国，愿意为社会主义现代化建设服务，遵纪守法，品行端正。

（2）思想素质高，品德优秀，遵纪守法，在校期间未受过任何违法违纪处分。

（3）学习成绩优秀，专业基础扎实，对学术研究有浓厚兴趣，具有较强科研能力和创新能力。

（4）申请硕博连读的非在职生年龄不超过 45 周岁，委托培养生年龄不限。

（5）申请硕博连读的研究生需完成规定的课程学习。

（三）注意事项

读博包括普通招考、硕博连读、提前攻博和直接攻博四种方式。

1. 普通招考

普通招考是面向符合报考条件的人员进行统一考试，包括初试和复试。

2. 硕博连读

硕博连读是从具备硕博连读资格的优秀全日制在学硕士生中择优遴选博士生。

3. 提前攻博

提前攻博是从完成规定的硕士课程学习并且成绩优秀但尚未进入论文撰写阶段或在进行论文撰写工作的在学硕士生中选拔博士的方式。

4. 直接攻博

直接攻博是选拔具有学术型硕士研究生推免资格的优秀应届本科毕业生取

得博士入学资格的招生方式。

　　注：2、3、4是免初试，但必须参加复试考核；没有硕士毕业证和学位证；是以最短时间拿下博士学位的捷径。

三、强军计划

(一) 什么是"强军计划"

　　根据《国务院、中央军委关于建立依托普通高校培养军队干部制度的决定》，教育部、解放军总政治部决定实施"高层次人才强军计划"，在国家研究生招生计划内，由部分地方普通高校为军队定向培养一批硕士研究生。即选送军队优秀在职技术军官到地方普通高校攻读硕士学位。

　　实施"高层次人才强军计划"是为促进军队现代化建设，为打赢未来高科技战争提供强有力的人才支持而采取的一项重要举措。这一计划的实施，充分体现了国家对军队人才建设的高度重视。需要注意的是，"强军计划"不占用统考地区学生的公费名额，这一点对很多地方考生很重要。

(二) 招生要求

1. 招生对象

　　"强军计划"的招生对象为作战部队团职以下专业技术干部，以及军队综合大学和工程技术院校从事理工科教学的部分教员，重点招收新武器装备操作使用和维修保障等方面的专业技术人才。学生毕业后，一律回入学前所在部队工作。

2. 报考要求

　　(1) 政治表现好、作风正派、工作业绩突出，是所在单位的业务技术骨干，有一定的发展潜力。

　　(2) 取得国家承认的大学本科学历后连续工作4年以上 (从大学毕业到录

取为硕士研究生当年的9月1日），业务优秀，已经发表过研究论文（技术报告）或者已经成为业务骨干；或者获硕士学位或博士学位后工作2年以上，业务优秀。

（3）地方在职人员定向就业本单位的考生需要有两名具有高级专业技术职称的专家推荐。

（4）最重要的是上级批准。只要上级批准，什么类型的干部都可以报考。

（三）招生院校

北京大学、清华大学、北京航空航天大学、北京理工大学、北京科技大学、南开大学、大连理工大学、东北大学、吉林大学、哈尔滨工业大学、哈尔滨工程大学、上海交通大学、南京大学、东南大学、南京航空航天大学、南京工业大学、浙江大学、中国科学技术大学、山东大学、武汉大学、华中科技大学、武汉理工大学、中南大学、华南理工大学、四川大学、重庆大学、电子科技大学、西安交通大学、西北工业大学、西安电子科技大学、兰州大学。

（四）考试方式

"强军计划"绝大部分院校是单独考试，也就是公共课单独命题，试题难易程度会比统考简单一些。有的院校专业课试题和统考一样，但是题量会少一些；也有部分院校是统考，但会降低录取分数线。具体考试方式可以详细咨询所报考的院校。只要初试过了，复试无特殊情况，一般都会录取。各个院校都有自己的分数线，一般在200~300分。单科是否会划定分数线，要视具体学校情况而定。

（五）"强军计划"的优势

1."强军计划"的录取分数相对于全国统考来说会低很多，只要上级批准，什么类型的干部都可以报考，而且不收取学费。

2."强军计划"的学生还可以享受一定的奖学金，其生活待遇和学习条件也会得到一定的保障。

3."强军计划"研究生毕业后的待遇非常好。根据有关规定，被接收的毕业生锻炼见习期满后，可按规定确定职级和军衔。在首次评授军衔、评任专业技术职务、确定专业技术等级以及住房分配等方面与同期入军队院校学习的毕业生同等对待。到边远艰苦地区部队和指挥岗位工作的毕业生不实行见习期，自批准入伍之日起确定职级和军衔，工资待遇按照军委、总部的有关规定执行。

（六）注意事项

1.虽然"强军计划"全国一共有31所高校具有招生资格，但并不是这31所高校每年全部会招，要视具体院校情况而定。

2."强军计划"属于"定向就业"类别招生，不转档案及户口，而且大部分学校不解决住宿问题。

3.关于初试形式，每个学校都不同。"强军计划"绝大部分院校是单独考试，具体考试形式建议查询当年目标院校的招生简章。

四、援藏计划

（一）什么是"援藏计划"

"援藏计划"是指以定向培养形式在西藏自治区在职干部中招收攻读硕士学位的研究生，以改善当地在职干部队伍的学历结构和专业知识结构，培养西藏急需的高层次人才。

（二）报考条件

1.中华人民共和国公民。

2.拥护中国共产党的领导，品德良好，遵纪守法，志愿在西藏长期工作。

3.身体健康状况符合国家和学校规定的体检要求。

4.取得国家承认的大学本科学历，毕业后在藏连续工作 2 年以上（从毕业后到当年录取入学之日）。

5.在境外获得学历（学位）的考生，其学历（学位）证书须通过教育部留学服务中心的认证。

6.符合西藏自治区教育厅规定的其他条件。

（三）招生院校

目前全国共有 10 所学校被列入实施"援藏计划"，分别是：北京大学、中国人民大学、北京师范大学、中国政法大学、天津大学、吉林大学、四川大学、西南交通大学、西南财经大学、西北农林科技大学。

（四）招生计划

"援藏计划"纳入全国研究生招生国家计划中，由教育部单列招生计划。入学考试方式为单独考试、单独录取，单考名额由教育部专项追加。

招生高校需及时将招生简章寄到西藏自治区教育考试院。西藏自治区教育考试院负责组织报名、安排考场、接收招生高校寄送的试题、组织考试，以及在考试结束后三天内将试卷寄回各招生高校等相关考务工作。

招生高校对初试中的政治理论、英语、高等数学等部分考试科目实行联合命题，辅导和命题工作由各校轮流承担。其他专业课由各院校自主命题，可指定备考复习资料。参加复试的最低要求、复试方式及内容由各院校自行决定。

（五）注意事项

1.报考时，"考试方式"选择"援藏计划"，"专项计划"自动设为"援藏计划"，"报考类别"选择"定向就业"。

2.网上报名必须使用教育部直属 10 所高校援藏研究生校验码。需要从西藏自治区教育考试院获取校验码。

3.报名点说明中，"省（市）"项目必须选择"西藏"。

4. 设西藏民族大学招生办、拉萨市招生办、日喀则市招生办、山南市招生办、林芝市招生办、昌都市招生办 6 个报考点，每个报考点均接受"援藏计划"硕士研究生报考。

5. 学习期间，工资、医疗保险、福利待遇等和在职同类人员一致。

6. "援藏计划"研究生读研期间辞职的，学校有资格取消其学籍，不发放毕业证。

7. "援藏计划"的考试内容，不同院校情况不同，要看各个院校的考试大纲。

五、退役大学生士兵计划

（一）什么是"退役大学生士兵计划"

"退役大学生士兵计划"是"退役大学生士兵专项硕士研究生招生计划"的简称，由教育部于 2016 年设立，鼓励更多高素质高校学生参军入伍，支持国防和军队现代化建设。由北京大学、清华大学等全国 400 余所普通高等院校专门招收退役大学生士兵攻读硕士研究生，每年共有 5 000 个名额。相关招生单位必须按照"自愿报名、统一招考、自主划线、择优录取"的原则，严格规范地对符合报考条件的退役大学生士兵做好招生录取工作。

（二）招生要求

1. 高校学生应征入伍退出现役。
2. 符合招生单位招生简章的规定。

（三）注意事项

高校学生应征入伍服义务兵役退役，达到报考条件后，三年内参加全国硕士研究生招生考试的考生，初试总分加 10 分，这项政策是有年限限制的，需要注意。但"退役大学生士兵计划"则没有年限限制，一直可以报考（但志哥还是希望各位战友能够一战成硕），同等条件下优先录取。在部队荣立二等功及以上，符合全国硕士研究生招生考试报考条件的，可申请免试（初试）攻读硕士研究生。

另外要强调的一点是，初试加10分的政策和退役大学生专项计划不可以同时享受，只能二选一。

六、少数民族骨干计划

（一）什么是"少数民族骨干计划"

"少数民族骨干计划"是"少数民族高层次骨干人才计划"的简称，指国家实施的针对少数民族地区的人才培养计划。是五部委为贯彻党的民族政策以科教兴国战略推进西部大开发战略的重大举措。

按照"定向招生、定向培养、定向就业"的要求，采取"统一考试、适当降分"等特殊政策措施招收新生。毕业生一律按定向培养和就业协议到定向地区和单位就业，硕士服务期限为5年，博士为8年。经费享受中央级高校研究生的拨款政策。

（二）招生对象

1. 生源地在内蒙古、广西、西藏、青海、宁夏、新疆（含兵团）的少数民族考生，以及在上述地区工作满三年以上，报名时仍在当地工作的汉族考生。

2. 生源地在海南、重庆、四川、贵州、云南、陕西、甘肃的少数民族考生；生源地在河北、辽宁、吉林、黑龙江、湖北、湖南（含张家界市享受西部政策的一县两区）六个省份的民族自治地区和边境县（市）的少数民族考生。以及在上述地区国务院公布的民族自治地区工作满三年以上，且报名时仍在民族自治地区工作的汉族考生。

3.在内地西藏班、新疆班承担教学和管理任务的教职工；在西藏工作满五年以上的"非西藏生源定向西藏就业计划"的毕业生。上述生源硕士招生计划单列为"其他"类。

（三）就业管理

1.就业

"少数民族骨干计划"学生毕业后，必须履行协议回定向地区和单位就业，不得违约。

2.派遣

在职考生派遣回原工作单位。毕业离校时仍未就业的非在职考生派遣回定向省份毕业生就业工作主管部门。学生档案转回原工作单位、就业单位或定向省份毕业生就业工作主管部门。

3.升学

经生源所在地教育行政部门同意（在职学生还须征得原工作单位同意），"少数民族骨干计划"应届硕士毕业生只能报考"少数民族骨干计划"博士研究生，同时签订博士研究生定向培养协议书。

（四）注意事项

1.报考时，"考试方式"选择"全国统考（含联考）"，此时考生可选择的专项计划为"无""少数民族骨干计划"或"退役大学生士兵计划"。"专项计划"要选择"少数民族骨干计划"，"报考类别"为"定向就业"。

2.在报考高校所在地省教育部门回复的邮件中获取校验码。

3.应届生报考点为就读学校所在地的报考点，往届生为工作或户口所在地的报考点。

4.被录取的在职考生，学习期间的工资、医疗保险、福利待遇等和在职同类人员一致。

5.报考"少数民族骨干计划"的考生不得调剂到该计划以外录取，目前"少数民族骨干计划"考研竞争日趋激烈，这意味着一旦没考上，调剂机会很小。

6."少数民族骨干计划"统一划线，单独录取，分数较低。

七、单独考试

（一）什么是"单独考试"

"单独考试"是"研究生招生单独命题考试"的简称，是教育部每年12月份组织的全国研究生统一入学考试（统考）中的考试方式之一，与其他统考方式不同的是，"单独考试"中所有科目由院校针对在职人员特点自主命题，难度较低。"单独考试"必须到报考院校所在地参加考试。

"单独考试"也分初试与复试两个环节。初试科目均由招生单位自主命题，试题难易程度也与全国统考水平大体相当，复试科目及要求由招生单位自行决定。

参加"单独考试"的考生，一般应限于用人单位推荐为本单位定向培养或委托培养的在职人员。"单独考试"读研期间不转户口、不转人事关系、不转工资关系，医疗保险由考生原工作单位负责，毕业后回原单位工作。

（二）招生专业

"单独考试"招生的专业包括建筑学硕士、工程硕士、城市规划硕士、农业推广硕士、兽医硕士、风景园林硕士、林业硕士和临床医学硕士。

除了以上专业可以参加研究生单独考试之外，还有口腔医学硕士、公共卫生硕士、护理硕士、药学硕士以及中药学硕士可以参加单独考试。

（三）报考条件

1.符合全日制研究生报名条件中各项要求。

2.大学本科毕业后连续工作4年或4年以上，业务优秀，且已发表过研究论文（技术报告）或已经成为业务骨干，经本单位同意和两名具有高级专业技术职务的专家推荐，为本单位定向培养或委托培养的在职人员；获得硕士学位或博士学位后工作2年或2年以上，业务优秀，经本单位同意和两名具有高级专业技术职务的专家推荐，为本单位委托培养的在职人员。

（四）"单独考试"与统考招生的区别

教育部每年在制订硕士研究生招生计划时，允许部分重点高校招收一定数量的以"单独考试"方式录取、单位定向委托培养的硕士研究生。

参加"单独考试"的考生，一般仅限于用人单位推荐为本单位定向培养或委托培养的在职人员。学习方式可以选择半脱产或在职业余学习，学习期间不转户口、不转人事关系、不转工资关系、医疗费用由考生原工作单位负责，毕业后回原单位工作。培养费用一般由委托单位负责，但大部分委托单位会与考生签订协议，如果离开工作单位则必须赔偿相应的培养费用。单考硕士在课程设置、教学方式等方面与在校统考生没有区别，尤其是毕业证和学位证与在校全日制公费统考生完全相同。

（五）注意事项

1. "单独考试"的考生必须到报考院校所在地参加考试。

2. 报考时，"考试方式"选择"单独考试"，"报考点"选择"招生单位"，"报考类别"选择"定向就业"。

3. 被录取的在职考生在学习期间工资、医疗保险、福利待遇等和在职同类人员一致。

4. 《中国人民大学2022年招收攻读宗教学专业硕士研究生招生简章（单独考试）》规定："在职考生报名时不再出具所在单位同意报考的证明材料。在职考生与所在单位因报考研究生产生的问题由考生自行处理。若因上述问题使我校无法调取考生档案，造成考生不能复试或无法被录取，后果由考生自行承担。"每个院校规定不同，具体详见各校招生简章。

5.国家没有为"单独考试"另划国家线，各院校可根据招生情况自主决定复试分数线。即单独命题、单独划线、单独录取。

八、破格复试

（一）什么是"破格复试"

在教育部印发的《2022 年全国硕士研究生招生工作管理规定》中，明确写道：对初试公共科目成绩略低于全国初试成绩基本要求，但专业科目成绩特别优异或在科研创新方面具有突出表现的考生，可允许其破格参加第一志愿报考单位第一志愿专业复试（简称"破格复试"）。

"破格复试"应优先考虑基础学科、艰苦专业以及国家急需但生源相对不足的学科、专业。对一志愿合格但生源不足的专业，招生单位要积极做好调剂工作，不得单纯为完成招生计划或保护一志愿生源而降低标准进行"破格复试"。合格生源（含调剂生源）充足的招生专业一般不再进行"破格复试"。"破格复试"考生不得调剂。

（二）申请条件

1.初试公共科目成绩略低于国家线（一般在 5 分以内）。

2.专业科目成绩特别优异，或在科研创新方面具有突出表现（一般指本科期间有发表论文、授权专利等）。

3.优先考虑基础学科、艰苦专业以及国家急需但生源相对不足的学科、专业，且必须是第一志愿。

（三）"破格复试"流程

1. 了解政策

开设了破格录取政策的院校才能接受考生"破格复试"的申请，因此，大家一定要提前去研究生招生信息相关的网站查看官方通知。

2. 考生申请

院校确认后则可填写相关表格，并提交专业学科相关的证明材料。

3. 参加复试

上交申请材料后等待复试通知，审核通过即可参加复试。

注意："破格复试"考生不得参加调剂！

第二节 加分政策

一、三支一扶

"三支一扶"全称"三支一扶计划"，是指高校毕业生到乡镇开展支教、支农、支医和扶贫工作，时间一般为2~3年。到西部地区和艰苦边远地区服务两年以上，服务期满后三年内参加全国硕士研究生招生考试，享受初试总分加10分，并在同等条件下优先录取。

二、西部计划

"西部计划"全称"大学生志愿服务西部计划"，是指在中西部（河北、山西、内蒙古、吉林等22个省）基层（村/镇）志愿服务1~3年。西部急需的农、林、水、医、师、金融、法学类专业高校毕业生优先。志愿服务期满两年且考核通过，三年内参加全国硕士研究生招生考试，享受初试总分加10分，并在同等条件下优先录取。

三、教师特岗计划

"教师特岗计划"全称"农村义务教育阶段学校教师特设岗位计划",是指国家公开招聘高校毕业生到中西部教师资源缺乏的县(乡)任教,为期三年。服务期满且考核通过,三年内参加全国硕士研究生招生考试,享受初试总分加10分并在同等条件下优先录取。

四、赴外汉教

"赴外汉教"全称"赴外汉语教师志愿者",是指选派高校应届毕业生、在读研究生赴国外从事汉语教学志愿服务工作。毕业生到海外志愿服务两年以上,服务期满且考核通过,三年内参加全国硕士研究生招生考试,初试总分加10分并在同等条件下优先录取。

五、到村任职

"到村任职"全称"选聘高校毕业生到村任职",是指选聘高校毕业生到村任职工作,从2008年开始,连续选聘5年。选聘数量为10万名,每年选聘2万名。项目服务期满且考核称职以上的毕业生,三年内参加全国硕士研究生招生考试,初试总分加10分并在同等条件下优先录取。其中,报考人文社科类专业的研究生,初试总分加15分。

六、士兵计划

"士兵计划"全称"退役大学生士兵专项计划",是指高校学生应征入伍退出现役,且符合硕士研究生报考条件者在三年内参加全国硕士研究生招生考试,初试总分加 10 分并在同等条件下优先录取。在部队荣立二等功及以上，符合全国硕士研究生招生考试报考条件的，可申请免试（初试）攻读硕士研究生。

问：志哥，这几年考研竞争激烈，有一些考研的特殊政策，您觉得普通学生有必要为了加分去关注特殊政策吗？

在我看来，这个问题没有确定的答案，是否有必要关注考研的特殊政策，要看个人的情况和目标。考研的加分政策没有想象的那么容易，无论是"大学生志愿服务西部计划""三支一扶计划"还是"退役大学生士兵计划"，都需要考生投入额外的时间和精力，这可能会对个人的学业和其他就业机会产生影响。所以普通学生是否有必要关注考研的特殊政策需要综合考虑个人的情况和目标。如果特殊政策对个人的发展有积极影响，那么特殊政策可能是一个值得考虑的选择。

考研无界　梦想跨越

第二篇

决胜跨考

CHENGLA

第五章

跨考前期准备

充分的准备是成功的一半，只有做好准备，才能走得更远。

扫描二维码
获取本章视频课程

第一节　跨考的基本规则

一、限制跨考的相关专业

各位同学在跨考的时候一定要注意跨考的基本规则，并不是所有的专业都可以跨考，某些院校的招生专业是有条件限制的，比如对本科专业有要求或者对工作时间有要求，一般会在招生简章里注明，甚至有些专业根本就不允许跨考。下面就给大家介绍一下，具体有哪些专业不允许跨考。

（一）医学类

医学类大多数专业都不允许跨考，比如口腔医学、麻醉学、中医学、眼科学等专业。部分医学类专业可能会放宽要求，但也会限制其本科专业要和医学类专业相关。医学类专业报考条件较严格的主要原因是医学类专业的学习难度很大，到了研究生阶段更要求学生要具备扎实的理论基础和实践能力。非医学类专业的学生不能报考医学类研究生。

（二）法硕

法律专业硕士分为法学和非法学两个方向。若报考法律（法学）专业硕士，则报考前所学专业须为法学专业。因此，法律（法学）专业硕士不允许跨考。跨专业的考生如果想考法硕，只能选择法律（非法学）专业硕士报考。

（三）外语语言文学类

也许很多同学认为，外语语言文学类相关专业难度并不大，跨考并没有什么难度。但实际上外语语言文学类专业跨考也有很多限制，尤其是很多重点院校对本科专业的要求较高。

（四）教育类

教育类专业跨考限制了前置专业。2023 年 8 月修订的《教育硕士专业学位研究生指导方案》中提到，报考人员前置专业与所报考专业领域密切相关。因此，2023 年开始，教育类专业硕士开始要求前置专业，尤其是学科教育相关专业，比如考学科教学（历史）专业的研究生，要求本科是相关专业才允许报考，其他教育类专硕也有相应的前置专业要求。

（五）管理类

管理类硕士相关专业，比如工商管理、公共管理、工程管理等专业要求有相关工作经验，要求本科毕业三年以上，硕士两年以上。

另外还有其他工学专业以及财会相关专业在不同的院校都有特殊的规定，所以在选择跨考的时候，一定要及时关注目标院校研究生网的招生简章和招生专业目录，以报考院校官网为准。

二、允许跨考的相关专业

除了限制跨考的专业外，其实还有一部分专业非常欢迎大家跨考：

（一）会计硕士——跨专业考研人数最多

会计专业硕士在初试中只考两门，而且不考数学，备考会轻松很多。不仅初试两科内容都为国家统一命题，而且外语也是相对简单的英语二，但会计硕士不招收小语种考生。作为研究生培养的趋势，专业硕士将会进一步扩招，并且像会计硕士这类注重实务的专业也会继续热下去。

（二）法律硕士（非法学）——最纯粹的跨考专业

法律硕士（非法学）只招收本科为非法律专业的考生，而且不考数学，初试科目均为全国统考，因此备考前期可以不用过度关注院校信息，9 月报名的时候可以根据自己复习情况再选择适合自己的院校。这个专业就业也较理想，法院、监狱、烟草局等都有合适的岗位。也可以在体制外从事律师、法务等工作，收入上限也比较高。

（三）金融学——理工科学生跨考最多的专业

金融学是理工科考生经常会选择的专业，因为他们具备较好的逻辑思维和数理能力。现在热卖的基金产品、理财工具等都建立在数学模型基础之上，对于理工科考生是个很大的优势。

（四）新闻与传播——跨专业更有优势

新闻与传播专业是为数不多的跨考比科班有优势的专业。对于跨考的同学来说，他们可能会在原有的学科背景中带去新的视角和思考方式，成为真正的复合型人才。例如，学习艺术或社会学的同学跨考新闻与传播，可能会在新闻报道和传播中展现出更独特的叙述方式和观察视角，对于新闻传播有更深入的理解。

（五）马克思主义理论——文科跨考成功率高

马克思主义理论专业的初试参考书较少而且不考数学，备考难度不大，未来就业可以选择考公或当思政老师。如果继续深造考博还能留校当大学老师或选择做党校老师，就业前景非常不错。

（六）翻译硕士——适合非语言类专业跨考

翻译硕士专业非常适合非语言类专业的学生跨考。这个专业不仅需要学生具备扎实的语言基础和翻译技能，还需要广泛的知识面和跨文化交际能力。非语言类专业的学生在跨考时，可以通过学习和实践，将原有的专业知识和翻译技能相结合，形成独特的优势。

（七）汉语言文学——最容易入门的专业

汉语言文学专业硕士是最容易入门的专业之一。因为语文本身就是我们的母语，其他专业或多或少都会接触到。因此，汉语言文学专业应该是最容易"跨界"的学科。未来就业可以从事语文学科的教学工作，或者从事新闻出版编辑等相关工作。

（八）公共管理——比较容易跨考的专业

公共管理专业大部分院校不考数三，客观上降低了跨专业考研的难度。而且跨考这个专业的理由很简单：社会需求大且报考门槛低。无论政府机关还是企事业单位都需要这方面的人才，这无形中为公共管理专业就业创造了机会。从目前来看，公共管理专业人才需求量呈上升趋势。

第二节 跨考要以就业和兴趣为导向

跨校或跨专业考研，需要大家慎重考虑，尤其是在专业的选择上，务必要从就业前景和自身的兴趣出发，不要盲目地只以就业为导向，或者只根据自己的兴趣做抉择。

首先，对于就业市场的需求和趋势，大家要有一个清晰的认识。跨考前就要了解哪些领域或行业具有较好的就业前景；哪些专业在就业市场上具有较强的竞争力；以及哪些专业未来的发展潜力较大，等等。通过对就业市场的深入了解，可以更好地选择一个符合自己职业规划的专业，并为未来的就业做好准备。但是只以就业为导向也并不可取，比如往年有一些同学觉得计算机专业就业前景好，盲目地跨考计算机专业，复习了半年发现专业课太难，复习不下去，结果遗憾地选择放弃。

其次，除了要考虑就业前景，跨考还需要结合自身的兴趣和爱好。跨考需要考生重新开始学习一门新的专业，因此对专业的兴趣和热情可以激发学习的动力，提高学习效率，使备考更加高效。如果选择的专业与自己的兴趣爱好相符，那么在学习过程中就会更加有动力，也更容易取得满意的结果。但是跨考也不能只考虑个人兴趣，往年有些同学不喜欢自己的本科专业，想考一个自己感兴趣专业的研究生，于是选了一些感兴趣但是就业很难的专业，比如哲学、考古学、历史学等。还有一些同学为了避免竞争，选择了一些非常冷门的专业，比如宗教学、社会工作、农学等，考试是上岸了，但是毕业后就业不占优势，考公也不占优势，最后很后悔当初选了这个专业。

因此，跨考需要以就业和兴趣为导向进行综合评估。通过对就业市场的深入了解，以及结合自己的兴趣爱好和个人实际情况综合考虑，这样才可以更好地做出决策，并在未来的职业生涯中获得更好的发展。

就业前景好的专业推荐

文商类

① 法学（涉外）

法律经常被说成红牌专业，但是随着经济发展和国力增强，涉外法学人才变得尤为稀缺。

② 法学（一心考公型）

对于法学专业来说，考公也是个非常不错的就业选择。最适合那些没有强烈的事业欲望，只想完成学业后成为一名公务员，过上稳定生活的人。

③ 师范类

近年来，由于国家教育政策的调整，民办学校和职业学校大量涌现，这为师范生提供了更多的就业机会。

④ 金融类

就业调查显示，金融行业整体薪资水平较高，并且一些新兴的金融服务机构也在大力吸纳金融类相关专业人才。

⑤ 汉语言文学和新闻传播

汉语言文学和新闻传播专业的就业方向包括公务员、事业单位、公司行政、互联网公司运营等职能岗位。

理工科

① 计算机及相关专业

随着 AI 的出现，计算机及相关专业是当下非常热门的专业，就业前景虽好，但也要评估自己是否适合。

2 **电子科学与技术（集成电路方向）或集成电路科学与工程**

目前国内芯片人才匮乏的形势仍然非常严峻，且相关专业人才结构明显失衡。作为高端制造业，虽然不如互联网热，但喜欢硬件的同学可以考虑。

3 **大数据及相关专业**

目前国内数据科学与大数据技术专业已经自成体系，从数据挖掘、数据开发到数据采集都已形成相应的产业链，就业前景十分可观。

4 **航空航天类**

航空航天类专业相比于传统工科专业，通常具有较高的收入水平。航空航天类专业在海外也属于高收入行业，国内未来前景会好于现在。

5 **物联网及工业软件开发类**

目前很多互联网大厂都在布局未来的万物互联，所以对物联网及工业软件开发类相关人才的需求还是比较旺盛的。

第三节　跨考信息收集的重要性

在决定跨考前，大家需要对目标院校和目标专业进行深入的了解，这包括但不限于目标院校的录取标准、历年招生情况、考试科目、参考书籍等，以及目标专业的课程设置、师资力量、研究方向等。前期完备的信息收集可以帮助大家评估自己跨考的难度和可行性，从而更好地规划自己的备考方案。

了解目标院校和专业的相关信息后，大家还要对考试内容有一定的了解，以及进行详细的备考规划。具体包括熟悉考试科目的具体内容、题型、难度等，以及复习时间安排、复习方法等。对考试内容的深入了解和详尽的备考规划可以帮助考生更有效地进行复习，提高初试通过的概率。

各科目历年真题和模拟试题也是了解考试内容和难度的重要途径。通过分析历年真题，大家可以了解考试科目的出题规律、题型分布、难度等，从而更好地把握复习的重点和难点。同时，模拟试题可以帮助考生检验自己的复习成果，发现自己的不足，查漏补缺，并及时进行调整和改进。

最后，向已经成功跨考的学长学姐寻求帮助和建议也是跨校或跨专业考研信息收集的重要途径。学长学姐往往在院校信息、专业课备考方面可以给出较权威的一手信息，让你避免在备考过程中走弯路。学长学姐作为过来人可以提供复习经验、复习规划、备考资料等，甚至可以一对一辅导专业课。初试通过后，还可以请学长学姐帮忙辅导复试，避开选导师的坑。所以，建议跨考的同学最好提前找到目标院校的学长学姐。

志哥温馨提示

知道了找学长学姐的重要性，那么应该如何高效地找到自己目标院校的学长学姐呢？提供以下几个建议供大家参考：

1. 公共社交媒体

每年考研结束后，很多上岸的同学会在社交媒体晒自己的成绩或录取通知书，也有人分享自己的备考经验，还有很多人会出售自己的专业课资料。所以大家在社交媒体上搜索目标院校及专业相关的关键词，即可搜索到自己目标院校的学长学姐。公共社交媒体一般包括微博、知乎、小红书、抖音、贴吧等。

2. 目标院校

考研如果准备的时间比较早，也可以亲自到目标院校的复试现场看一看。复试一般是在每年4月份左右，具体可以看目标院校官网的公告。大家也无须紧张，把自己当成参加复试的学生就行，然后到考场外面等真正参加复试的学长学姐。一般情况下，学长学姐是愿意跟你分享相关信息的。

3. 淘宝/闲鱼

有些已经上岸的学长学姐会选择把备考资料和真题在淘宝或闲鱼上进行出售，所以大家可以选择去这两个平台上购买相关的二手资料。但需要注意，淘宝或闲鱼上有些第三方卖家，可能会拿多年前的老旧专业课资料售卖，交易前大家一定要擦亮眼睛，谨防上当受骗。

4.考研机构

除了以上几个渠道，找学长学姐更靠谱的方式是通过考研机构帮大家进行精准匹配。比如橙啦每年都有大量的 SPA 学员上岸，上岸的学长学姐会入驻橙啦的学长学姐平台，为后续考研的同学提供一对一帮助。橙啦学长学姐库优选专业课成绩高分、授课经验丰富、认真负责的学长学姐，且筛选过程极为严格。橙啦专业的质检老师会在信息审核、简历筛选、资格审查、试讲等过程中层层把关，四轮考核全部通过后才可顺利上岗。

另外，为了给万千考研学子保驾护航，橙啦致力于打造行业最大专业课资料库。橙啦专业课真题资料库为学员提供了专业的备考资料，覆盖全国 544 所院校，其中 985/211/ 双一流院校均涵盖。其中 8 000 多个热门专业方向，包含近 10 年真题 107 845 份，近 5 年真题 30 347 份。150G 庞大资料库，从根本上解决学员"找资料难"的问题。

第四节　跨考难度评估

跨考具有挑战性，为了确保上岸，在择校阶段就要准确评估跨考的难度，选择适合自己的院校专业。跨考的难度评估要从两个维度进行：一方面要评估目标院校的难度；另一方面要客观评估自身的基础和学习能力。

跨考首先需要评估目标院校的难度。大家要仔细研究目标院校的实际情况，以便做出正确的决策。

关于目标院校，大家需要了解院校排名、学科实力、招生政策以及收集目标院校的历年真题等。具体来说，需要知晓目标院校在该专业领域的学科实力、师资力量、科研成果以及学科设置等情况。此外，还需要熟知目标院校的招生政策，包括招生人数、报录比、推免生比例、历年分数线等信息。通过了解这些信息，大家就可以评估目标院校在该专业领域的整体实力和竞争情况，从而更好地制订备考计划。

除了目标院校的难度评估，还需要对自身基础和学习能力有一定客观的认知。跨考需要大家具备扎实的基础知识和较强的自主学习能力，因此在选择专业的时候，大家要客观评估自己，认真分析自己的优劣势。比如，考研专业大致可以分为理工科和人文科两类。理工科专业通常需要具备一定的数学基础，并且对知识积累有一定的要求。对于本科阶段学习文科专业的同学来说，由于数学基础相对较薄弱，重新开始学习数学将是一个相当具有挑战性的任务。而且数学是考研公共课中难度较大的科目，所以数学功底较差的同学可以选择跨考不考数学的专业。大家通过客观评估自身的基础和学习能力，就可以制订出更为科学合理的备考计划，更从容地应对跨考带来的挑战。

因此，在准备跨考的时候就需要从目标院校的难度、以及自身的基础和学习能力这两个维度进行全面考量。只有对这两个维度进行充分评估，才能增加备考的底气，提高跨考上岸的成功率。

第五节　跨考准备和心理建设

一、跨考准备

跨考不仅需要勇气和决心，更需要科学合理的规划和充分的准备。与其他考试不同，跨考往往需要在较短的时间内学习并掌握大量的新知识，因此必须做好面对困难和挑战的准备，同时备考过程中也要做好心理建设。

首先，要制订科学合理的学习计划。根据目标院校的考试要求和自身实际情况，合理安排每天的学习时间，确保每个阶段的学习进度和目标都能够按时完成。计划的制订要量化到每天，且要避免目标定得过高或过低。中等偏高的目标有利于保持学习的稳定性和持续性。

其次，要尽可能找到专业完备的复习资料。跨考需要学习新的知识，选择合适的教材和资料对于跨考的同学就尤为重要。在复习资料和复习经验上，大家可以请教往届上岸的学长学姐。他们手里有往年专业课的资料和真题，而且还可以与你分享备考经验。找到目标院校成功上岸的学长学姐，会让你备考事半功倍。

最后，还要进行模拟和实战训练。备考过程中往往会遇到各种不同的考题和题型，因此我们要进行模拟考试，提前了解考试的形式和内容，熟悉解题技巧和答题策略。同时，还可以参加一些实战训练，例如参加真实的模拟考试或参加一些辅导班，和其他跨考同学进行交流和分析，提高自己的竞争力和应对能力。

二、心理建设

跨考人决不能忽视心理健康问题。备战跨考是一项非常具有挑战性的任务，考验的不仅仅是大家的脑力和体力，心理上的问题也不容忽视。大家需要保持积极的心态和良好的情绪状态，以抵御备考过程中可能出现的各种困难和压力。具体来说，跨考心理建设可以从以下几个方面着手：

首先，要保持自信和乐观的心态。跨考并不是一件容易的事情，需要重新学习一门新的专业。面对新的学科领域和知识体系，大家可能会因为无从下手而感到焦虑，抑或在备考过程中要面对各种棘手的问题，这时大家一定要沉住气，稳住心态，同时要有坚定的决心和信念，面对困难和挫折，不断激励自己，永不放弃。

其次，要学会合理分配复习时间和精力。跨考需要大家同时面对多个科目的复习，因此需要合理规划各科目的复习时间。同时，大家还要学会调整自己的学习状态，保持专注力，提高学习效率，避免浪费时间和精力。

最后，还要学会寻求帮助和支持。跨考，不是一个人的战斗。备考过程中，大家随时可能会遇到自己无法解决的问题和困难。最好的解决办法就是向老师、同学、学长学姐或考研机构寻求帮助和支持，向外寻求帮助不仅能高效解决问题，而且还会节省宝贵的复习时间。

问：志哥，目前很多同学选择跨考，甚至"三跨"①考研，您对跨考的同学，有哪些建议？

对于跨考的同学，以过来人的经验，我有以下几个建议：

1. 明确目标：首先要明确自己的目标和动机，为什么要跨考？是为了实现梦想还是为了就业发展，明确的目标是你备考的指南针也是动力源泉，可以帮助你更加有动力和方向性地进行准备和规划。

2. 制订合理的学习计划：跨考需要很大的时间和精力投入，确定目标后规划要放到第一位，所以要合理安排学习时间，制定每天的学习任务，保证学习效率和进度。

3. 寻求专业指导：考研备考不要自己一个人单打独斗，要学会寻求专业老师和学长学姐的帮助，这样会事半功倍。

4. 做好心理准备：跨考是一场持久战，会面临很多挑战和困难，要有足够的心理准备和坚定的信念，相信自己能够克服困难并取得成功，即使备考的过程中遇到了困难，也不要轻易放弃，迎难而上，相信自己，一定可以。

5. 学会劳逸结合：跨考是一个长期的过程，需要坚持和耐心。在备考过程中不要太过紧绷，学会劳逸结合，尤其是注意身体健康，考研是一场持久战，坚持到最后才会获得胜利。

扫描上方二维码
获取学长学姐资源库

---

① 注："三跨"指跨学校、跨专业、跨地区。

第六章

跨考专业选择

选择大于努力，不要用战术的勤奋掩盖战略的懒惰。

扫描二维码
获取本章视频课程

对于许多跨考生来说，选择一个适合自己的专业是他们面临的最大挑战之一。很多同学之所以选择跨考，是因为当初高考报志愿的时候没选到自己理想的专业，希望通过跨考重新选一个真正适合自己的专业。上一章讲到选择专业的基本原则是要结合就业和兴趣，但是通过橙啦考研 SPA 多年的择校择专业经验来看，跨考同学在选择专业的时候通常会思考以下问题：哪些专业比较容易考上？未来想成为公务员应该考什么专业？哪些专业就业前景较好？根据各位同学的专业需求，下面为大家整理了相关的专业推荐。

第一节　跨考容易考上的专业

一、管理学类

管理学类推荐专业包括工商管理、会计、公共管理、旅游管理、工程管理等 10 个专业。

推荐理由：管理学类硕士初试共考 2 门科目，且不考高数、政治，比较简单。大部分专业要求有工作年限，非常适合在职人士报考，而且也不用跟学习能力强的应届生竞争。管理学类硕士招生院校和招生人数较多，有全日制和非全日制可以选择，包括很多名校的管理学类非全日制专业硕士的招生人数都在300+，分数线也不高，综合来看较容易上岸。管理学类专业推荐见表 6-1。

表 6-1　管理学类专业推荐表

专业大类	专业代码	专业类别	专业名称
管理学	125100	专业学位	工商管理
	125200	专业学位	公共管理
	125300	专业学位	会计
	125400	专业学位	旅游管理
	125500	专业学位	图书情报
	125601	专业学位	工程管理
	125602	专业学位	项目管理
	125603	专业学位	工业工程与管理
	125604	专业学位	物流工程与管理
	125700	专业学位	审计

二、哲学类

哲学类推荐专业包括马克思主义哲学、中国哲学、外国哲学、伦理学等 8 个二级学科。

推荐理由：哲学类专业不算冷门，但整体报录比较低，虽然 2023 年哲学类分数线有轻微涨幅，但在所有专业中，哲学类整体分数线还是偏低，所以感兴趣的同学可以选择跨考哲学大类。有一点需要注意，马克思主义哲学、外国哲学和中国哲学在哲学大类中属于热门报考专业，竞争比较激烈。哲学类专业推荐见表 6-2。

表 6-2　哲学类专业推荐表

专业大类	专业代码	专业类别	专业名称
哲学类	010101	学术学位	马克思主义哲学
	010102	学术学位	中国哲学
	010103	学术学位	外国哲学
	010104	学术学位	逻辑学
	010105	学术学位	伦理学
	010106	学术学位	美学
	010107	学术学位	宗教学
	010108	学术学位	科学技术哲学

三、法学类

法学类推荐专业包括法学、政治学、社会学、民族学和马克思主义理论下设的 34 个二级学科。

推荐理由：法学类专业考研会把法律本科和非法律本科分开招生，法学（非法本）只能本科为非法学类专业的学生报考，所以对跨专业同学比较友好，大家几乎都在同一起跑线上。而且非法律本科专业跨考法学，由于具有双学科背景，所以反而是优势。近几年，随着考研竞争日益激烈，法学大类中的法律（非法学）专业和马克思主义理论专业报考人数越来越多，名校的分数线也是水涨船高。法学大类中的社会学专业和民族学专业由于相对比较冷门，报考人数较少，竞争不算特别激烈，部分院校还有调剂需求，所以这两个专业相对较容易上岸。法学类专业推荐见表 6-3。

表 6-3　法学类专业推荐表

专业大类	专业代码	专业类别	专业名称
法学	030101	学术学位	法学理论
	030102	学术学位	法律史
	030103	学术学位	宪法学与行政法学

续表

专业大类	专业代码	专业类别	专业名称
	030104	学术学位	刑法学
	030105	学术学位	民商法学
	030106	学术学位	诉讼法学
	030107	学术学位	经济法学
	030108	学术学位	环境与资源保护法学
	030109	学术学位	国际法学
	030110	学术学位	军事法学
	030201	学术学位	政治学理论
	030202	学术学位	中外政治制度
	030203	学术学位	科学社会主义与国际共产主义运动
	030204	学术学位	中共党史
	030206	学术学位	国际政治
	030207	学术学位	国际关系
	030208	学术学位	外交学
法学	030301	学术学位	社会学
	030302	学术学位	人口学
	030303	学术学位	人类学
	030304	学术学位	民俗学
	030401	学术学位	民族学
	030402	学术学位	马克思主义民族理论与政策
	030403	学术学位	中国少数民族经济
	030404	学术学位	中国少数民族史
	030405	学术学位	中国少数民族艺术
	030501	学术学位	马克思主义基本原理
	030502	学术学位	马克思主义发展史
	030503	学术学位	马克思主义中国化研究
	030504	学术学位	国外马克思主义研究
	030505	学术学位	思想政治教育
	030506	学术学位	中国近现代史基本问题研究
	035101	专业学位	法律（非法学）
	035102	专业学位	法律（法学）

四、教育学类

教育学类推荐专业包括教育学、心理学、体育学学术硕士下设的教育学理论、课程与教学论、教育史、基础心理学、体育人文社会学等 11 个二级学科。教育专硕下设的教育管理、心理健康教育、科学与技术教育、特殊教育、职业教育等 8 个二级学科。

推荐理由：教育学大类下的学科教育每年的竞争非常激烈，每年报考的人数非常多，部分院校的分数线可以达到 390+，学科教育类专业一般不推荐跨考，但是教育学中也有一些相对冷门的专业，比如成人教育、职业技术教育、特殊教育这类专业，报考人数少，相对较容易上岸。教育学类专业推荐见表 6-4 和表 6-5。

表 6-4　教育学学硕专业推荐表

专业大类	专业代码	专业类别	专业名称
教育学	040101	学术硕士	教育学原理
	040102	学术硕士	课程与教学论
	040103	学术硕士	教育史
	040104	学术硕士	比较教育学
	040105	学术硕士	学前教育学
	040106	学术硕士	高等教育学
	040107	学术硕士	成人教育学
	040108	学术硕士	职业技术教育学
	040109	学术硕士	特殊教育学
	040110	学术硕士	教育技术学
	040111	学术硕士	教育法学

表 6-5　教育学专硕专业推荐表

专业大类	专业代码	专业类别	专业名称
教育学	045101	专业硕士	教育管理
	045114	专业硕士	现代教育技术

续表

专业大类	专业代码	专业类别	专业名称
教育学	045115	专业硕士	小学教育
	045116	专业硕士	心理健康教育
	045117	专业硕士	科学与技术教育
	045118	专业硕士	学前教育
	045119	专业硕士	特殊教育
	045120	专业硕士	职业技术教育

五、历史学类

历史学类推荐专业包括考古学、中国史、世界史、博物馆学等专业下设的7个二级专业。

推荐理由：历史学整体偏学术研究，专业硕士只有一个博物馆专业，在就业选择面上比较窄。历史学也因此被认为是冷门专业，报考人数比较少，很多学校的分数线都是按国家线走，甚至有些院校名额招不满需要接收调剂。但是近几年由于考研人数增加，历史学又不考数学，很多文科生会选择跨考历史学，就导致名校的历史学专业竞争难度也随之增加。各位同学需要谨慎选择报考院校。历史学类专业推荐见表6-6。

表6-6　历史学类专业推荐表

专业大类	专业代码	专业类别	专业名称
历史学	060100	学术硕士	考古学
	0602L2	学术硕士	历史文献学
	0602L4	学术硕士	中国古代史
	0602L5	学术硕士	中国近代史
	060300	学术硕士	世界史
	067000	学术硕士	区域国别学
	065100	专业硕士	博物馆

六、农学类

农学类推荐专业包括农学大类下的所有允许跨考专业。

推荐理由：农学在所有专业中国家线是最低的，一般国家线划定在 250 分左右。专业课难度也较低，而且基本均以背诵为主。农学类专业招生人数多，而且很多院校仍在扩招，所以，上岸相对容易。

各位同学需要注意：往年农学大类的大部分院校专业都不限制跨考，但是从 2023 年开始，部分院校农学专业也开始限制了报考的前置专业，因此大家在报考时，需要查看各个学校最新招生简章。以青岛农业大学公告为例（见图 6-1）：

关于报考青岛农业大学 2024 年部分专业硕士研究生专业背景要求的公告（节选）

各位考生：

经研究决定，报考我校 2024 年部分专业硕士研究生专业背景要求如下。2024 年硕士研究生招生政策还未下达，具体要求以学校 2023 年 9 月份发布的招生章程为准。

1. 报考园艺学院所有专业的考生，须具有以下专业背景：

（1）农学（植物生产类、园林专业和林学专业）。

（2）理学（生物科学类）。

（3）工学（农业工程类、环境科学与工程类、食品科学与工程类、生物工程类）。

2. 报考植物医学学院植物保护专业（090400）和资源利用与植物保护专业（095132）的考生，须具有以下专业背景：

（1）农学（植物生产类、自然保护与环境生态类、草学类，动物科学、动物医学、动物药学、动植物检疫、水生动物医学、林学、园林和森林保护专业）。

（2）理学（生物科学类、化学类、信息与计算科学和数据计算及应用专业）。

（3）工学（农业工程类、林业工程类、环境科学与工程类、生物工程类、化工与制药类、生物医学工程类、食品科学与工程类、计算机科学与技术专业）。

（4）医学（药学类中药学类、基础医学类）。

图 6-1 青岛大学公告

第二节　适合备考公务员的专业

一、经济学类

目前我国在公务员招考上对经济学专业的毕业生所开放的岗位较多，基本上有三分之一的岗位经济学专业的学生都可以报考。所以如果想考公务员的话，选择经济学专业是很适合的。适合经济学类专业的公务员岗位见表 6-7。

表 6-7　适合经济学类专业的公务员岗位

经济管理类岗位	包括经济规划、经济发展、经济监测等岗位，负责制定和实施经济政策、规划和监测经济发展情况
财政税务类岗位	包括财政部门、税务部门和财政局等岗位，负责财政收入管理、税收征收管理、预算编制及执行等工作
金融银行类岗位	包括银行、证券、保险等金融机构的监管、管理和服务等岗位，负责金融市场监管、金融政策制定和金融服务等工作
统计调查类岗位	包括统计局和统计调查机构等岗位，负责统计数据的收集、整理和分析，为政府决策提供数据支持
外贸外汇类岗位	包括外贸企业、外汇管理部门等岗位，负责贸易政策制定和外汇管理等工作
管理咨询类岗位	包括各类咨询机构、企业管理部门等岗位，负责提供经济管理咨询和管理工作

二、法学类

不管是政府还是公检法部门，都需要大量法学类相关专业人才。每年公务员考试都会招录大量法学类专业人才负责涉法、法律法规、行政诉讼等相关工作，如劳动监察、医疗监察、劳动仲裁、交通外勤执法等，每个机关单位都需要懂法律的人员。不管是公务员考试还是事业编考试，都会针对法学专业毕业生开放大量的岗位。法学类专业毕业生除了可以参加国考、省考、事业编，还有法、检公务员单独招考，所以，法学专业毕业生可以报考的岗位很多。适合法学类专业的公务员岗位见表6-8。

表 6-8　适合法学类专业的公务员岗位

司法行政类岗位	包括法院、检察院、司法局等部门的行政管理岗位，负责司法行政工作、人员管理、案件管理等
法律事务类岗位	包括各级政府部门的法律事务岗位，负责法律咨询、法律文书起草、法律事务处理等工作
立法研究类岗位	包括人大、政协等机构的立法研究岗位，负责法律政策研究、立法草案起草等工作
司法警务类岗位	包括公安局、司法行政部门的司法警务岗位，负责刑侦、治安、出入境管理等工作
行政执法类岗位	包括各类行政执法部门的执法岗位，负责对法律法规进行执法监督与管理
教育管理类岗位	包括教育行政部门的教育管理岗位，负责学校管理、教育政策制定等工作

三、文学类

文学类专业中，几乎每所院校都会开设汉语言文学专业和新闻传播专业。很多人认为汉语言文学专业报考公务员对口性很差，但公务员文职类岗位多，小到通知、大到领导报告都需要较强的文字处理能力，汉语言文学专业的毕业生普遍都具有较高水平的写作能力，所以，很多文职类岗位都要求汉语言文学专业毕业。新闻传播专业的人才同样比较受机关单位青睐，因为新闻传播专业既具有汉语言文学专业的文字处理能力，同时还具有媒体敏感度，尤其当下正是新媒体迅速发展的时期，新闻传播专业的人才在体制内也比较受欢迎。适合文学类专业的公务员岗位见表6-9。

表 6-9　适合文学类专业的公务员岗位

文化、体育和新闻出版类	包括文化遗产保护管理、图书馆事务管理、新闻与传媒管理等
教育类	包括学校教务管理、教育督导与评估、教育发展规划等

续表

文秘类	包括秘书助理、文件管理等
外事外交类	包括外交事务管理、国际组织事务管理等
基层工作类	包括乡镇干部、社区服务等
人事行政类	包括人力资源管理、行政事务管理等
社会福利和社会保障类	包括社会工作与社会保障管理等

四、计算机类

大数据时代，行政机关的办公自动化水平也在逐步提高，负责设备维护、系统优化等工作的计算机类专业人才需求也在逐步增加。技术性人才属于稀缺性人才，国家机关单位也不例外。为了保证各机关单位工作有序开展、各部门工作有序进行，计算机相关专业毕业生在公务员招录中是非常抢手的。适合计算机类专业的公务员岗位见表 6-10。

表 6-10　适合计算机类专业的公务员岗位

信息技术类	包括计算机应用与维护、软件开发与管理、网络与信息安全等
数据分析与管理类	包括数据分析师、数据库管理师等
网络与通信类	包括网络安全管理、通信系统管理等
人事行政类	包括人力资源管理、行政事务管理等
政务信息化类	包括政务信息系统管理、电子政务管理等
统计与调查类	包括统计分析、数据处理与分析等
网络舆情与新闻监测	包括网络舆情监测与分析、新闻信息管理等

五、管理学类

管理学类专业中，公共管理、人力资源、工商管理、财务管理等专业比较受欢迎。比如财务管理专业的毕业生就可以报考大部分公务员招录岗位，因为不管是央企、国企还是事业单位，财务部门都是不可或缺的存在。管理学类其他专业也是公务员考试招录较多的专业，像许多行政管理相关工作都适合此类专业的人才。公共事业管理中心、邮政、政府公共政策部门等也都需要管理类人才的加入。适合管理学类专业的公务员岗位见表 6-11。

表 6-11 适合管理学类专业的公务员岗位

行政管理类岗位	包括行政管理、行政事务、行政审批等相关职位，主要负责政府机关的日常管理工作
人力资源管理类岗位	负责政府机关或企事业单位的人力资源管理、招聘、培训、薪酬等相关工作
财务管理类岗位	负责政府机关或企事业单位的财务管理、预算编制、资金管理等相关工作
统计分析类岗位	负责政府机关或企事业单位的数据统计、分析、报告编制等相关工作
项目管理类岗位	负责政府机关或企事业单位的项目管理、项目策划、项目执行等相关工作
监察类岗位	负责政府机关或企事业单位的监察、纪检、反腐败等相关工作

第三节 就业前景好的专业

一、文商科

（一）法学类（见表 6-12）

表 6-12 法学类专业推荐理由及就业方向

推荐理由	1. **薪资水平相对较高**：与本科生相比，具有法律硕士学位的人通常能够获得更高的起薪和年薪。主要是因为法律硕士具备更深入的法律知识和专业技能，能够胜任更高级和复杂的职务，因此薪资待遇相对较高 2. **薪资增长空间大**：拥有法律硕士学位可以获得更好的职业发展机会和更大的晋升空间。随着工作经验和专业能力的增加，法律硕士毕业生有望晋升到更高级的职位，如律师、法务经理、法律顾问等，从而获得更高的薪资待遇

续表

推荐理由	3. 市场需求稳定：法律是社会的基本规范，无论经济是否景气，各行业都需要法律专业人才来维护法律秩序和保障公正。因此，法律硕士毕业生在就业市场上具有较强的竞争力和抗风险能力，也能够享受相对稳定的薪资待遇
	4. 就业选择方向多：法律硕士毕业生可以选择进体制内，从事公共事务和监管方面的工作；可以选择进律所成为一名律师，或入企事业单位的法务部门从事法务相关工作；也可以进入金融行业从事法务合规相关工作。所以，法律硕士毕业生的就业方向还是比较广的
就业方向	1. 律师事务所：法律硕士毕业生可以选择进入律师事务所从事法律事务工作，参与各类案件的调研、法律文件的起草和合同审查等
	2. 政府机构：对于有志于从事公共事务和政府监管方面工作的毕业生，可以选择进入政府机构，比如检察院、法院等
	3. 企事业单位：很多大型企业和机构都有法务部门，法律硕士毕业生可以在企事业单位从事法务工作，负责合同的谈判、法律事务的处理等
	4. 法学院 / 研究机构：部分法律硕士毕业生会选择进入高校的法学院从事教学和研究工作，或者加入研究机构进行法学研究。该就业方向对于法学理论有浓厚兴趣的人来说是一个较好的选择
	5. 法官、检察官等职业：部分法律硕士毕业生会选择参加司法考试，成为法官、检察官或者律师等，从事审判工作或者进行法律援助
	6. 国际组织和非政府组织：随着全球化的发展，一些国际组织和非政府组织也需要法律专业人士从事相关工作
	7. 金融行业：部分法律硕士毕业生会选择进入金融机构，如银行、证券公司等，从事法务、合规工作

（二）财务会计类（见表 6-13）

表 6-13　财务会计类专业推荐理由及就业方向

推荐理由	1. 就业前景广阔：财务会计类专业是市场需求较旺盛的专业之一。无论是企事业单位、金融机构还是咨询、审计等行业，都需要财务会计类专业人才进行财务分析、审计和税务管理等工作。因此，考研选择财务会计类专业能够大大提高就业竞争力
	2. 行业需求持续增长：随着全球经济快速发展和金融领域不断扩张，对财务会计类专业人才的需求也在持续增长。尤其国内金融市场也在不断发展变革，财务会计类专业人才的需求将会更加旺盛
	3. 薪资待遇相对较高：由于财务会计类专业的工作内容涉及财务收支、资金流动、税务筹划等核心内容，因此对专业人才的要求较高，薪资待遇也相应较高。市场调查数据显示，财务会计类专业的毕业生起薪普遍较高，而且随着工作经验的积累，薪资水平还会进一步提升

续表

就业方向	1. 会计师事务所：毕业生可以进入国内外的会计师事务所工作，参与审计、财务报表编制、税务服务等工作。随着经验的积累，还可以晋升为合伙人或负责人
	2. 企事业财务部门：毕业生可以在各类企事业单位的财务部门从事财务会计工作。包括财务报表编制、成本管理、预算控制、内部控制等
	3. 银行和金融机构：毕业生可以在银行和金融机构的风险管理、信贷审批、财务分析等部门工作，负责企业的财务评估和风险控制
	4. 证券和投资行业：毕业生可以从事证券公司、基金管理公司等金融机构的投资和研究工作，负责证券交易、投资组合管理等
	5. 财务顾问和咨询公司：毕业生可以在财务顾问和咨询公司从事财务分析、财务规划、财务咨询等工作，为客户提供财务管理服务和战略决策支持
	6. 国际会计标准组织和监管机构：毕业生可以在国际会计标准组织、财务监管机构等从事会计准则制定、财务监管等工作
	7. 自主创业：毕业生可以自主创业，开设会计师事务所、财务咨询公司等，为企业提供财务和会计相关服务

(二) 文学类 (见表 6-14)

表 6-14 文学类专业推荐理由及就业方向

推荐理由	1. 广泛的就业领域：文学类专业的毕业生在各行各业都有就业机会。一方面他们可以选择考公务员进入体制内，另一方面他们也可以从事教育、出版、媒体、文化管理等多个领域相关工作
	2. 翻译与跨文化沟通：文学类专业的毕业生通常具备良好的语言表达和理解能力，这使得他们在翻译领域也可以占有一席之地。全球化背景下，翻译会成为跨文化沟通的关键，因此具备较强的翻译水平会使你在这个领域更具竞争力
	3. 文化产业的崛起：随着文化产业的不断崛起，包括影视、动漫、游戏等在内的文化产品需求迅速增长，相应也会提供大量的就业机会。文学类专业毕业生在文化产业领域可选择就业的职位包括编剧、策划、编辑等
就业方向	1. 教育领域：文学专业毕业生可以选择成为中小学语文老师或高校文学专业讲师，也可以参与教育管理、教材编写和课程规划等工作
	2. 出版业：出版领域需要编辑、校对、排版等专业人才。文学类专业的毕业生具备书写和编辑技能，较适合从事出版行业
	3. 新闻媒体业：文学类专业毕业生可以成为记者、编辑、主持人或新闻分析师。他们在新闻媒体行业有很大的发挥空间
	4. 广告与公关：广告公司和公关公司需要具备创造性和文字表达能力强的人才。文学类专业的毕业生可以担任广告文案策划、市场营销和公关管理等职位
	5. 翻译和跨文化沟通：文学类专业的毕业生可以成为翻译、口译员或跨文化沟通顾问，促进不同文化之间的交流

续表

	6. 文化产业：影视、动漫、游戏和文化活动等领域需要具备创意和文学背景的人才，从事编剧、策划等工作
	7. 图书馆与文化管理：文学类专业毕业生可以在图书馆、博物馆、艺术机构和文化管理部门工作，从事文化资源管理、展览策划等工作
就业方向	8. 研究和学术：部分文学类专业毕业生选择进入研究领域，继续攻读硕士和博士学位，成为学者、研究员，为人文科学领域的发展做出贡献
	9. 自由职业：部分文学类专业毕业生选择从事自由职业，如小说家、诗人或编剧，通过创作来谋生
	10. 政府和非营利组织：文学类专业的背景也在政府部门和非营利组织中有用武之地，可以从事政策分析、文化保护等工作

（四）教育学类（见表 6-15）

表 6-15 教育学类专业推荐理由及就业方向

	1. 广泛的就业领域：教育学类专业提供了广泛的就业机会，毕业生可以选择从事教育领域内的各种职业，包括教师、教育管理、教育研究、教育咨询、教育技术等。教育学类专业的毕业生可以根据个人兴趣和职业目标来确定职业方向
推荐理由	2. 稳定的职业需求：教育工作者是一个稳定的职业群体，尤其是在人口规模较大的国家，对教育工作者的需求量较大。这也意味着教育学类专业的毕业生找到稳定工作的机会更大，并且教育领域工作的需求不太受经济周期的波动影响
	3. 教育技术和在线教育潜力无限：随着技术的不断发展和进步，教育技术和在线教育领域也在迅速崛起。教育学类专业的毕业生在开发教育软件、电子教材等方面有很好的就业机会
	1. 教育行政管理：在学校、教育机构、政府教育部门等从事教育管理、规划、政策制定等方面的工作
	2. 教育研究与评估：在研究机构、教育咨询公司、教材编写出版机构等从事教育研究、评估、创新和改进等方面的工作
	3. 教育咨询与培训：在教育培训机构、企事业单位等从事教育咨询、培训、人才发展和教育产品开发等方面的工作
就业方向	4. 教育技术与在线教育：在教育科技公司、在线教育平台等从事教育技术开发、在线教育研究、教育平台运营等方面的工作
	5. 教育心理与辅导：在学校、心理咨询机构、社会工作机构等从事学生心理健康辅导、教育咨询和心理评估等方面的工作
	6. 教育信息化与数字化教育：在学校、教育科技企业等从事教育信息化建设、数字化教育资源开发、网络教育平台运营等方面的工作
	7. 外语教育与国际交流：在学校、国际交流机构、海外教育机构等从事外语教育、文化交流、跨文化沟通等方面的工作

（五）经济金融类（见表 6-16）

表 6-16　经济金融类专业推荐理由及就业方向

推荐理由	1.广泛的就业机会：经济金融类专业毕业生在不同领域都有广泛的就业机会。比如投资银行、风险管理、财务规划、咨询、企业金融领域等。经济金融类专业毕业生可以根据兴趣和职业目标选择不同的职业道路
	2.国际化就业机会：经济金融领域是全球性的，因此该专业毕业生有机会在国内外经济金融相关领域工作。比如国际金融机构、跨国公司和国际咨询公司通常需要具备经济金融专业知识的人才
	3.持续的需求：金融是社会经济体系的核心，各行业公司和组织都需要金融专业的人才来管理资金、进行财务分析以及投资决策等
	4.高薪资潜力：经济金融领域通常与高薪资相挂钩。投资银行、金融机构、咨询公司或企业的财务部门通常会提供具有竞争力的薪资和奖金制度。因此，经济金融类专业毕业生会有较高的薪资待遇
就业方向	1.金融机构：在国内外银行、商业银行、证券公司、投资银行等金融机构从事金融产品设计、风险管理、投资分析、信贷评估等工作
	2.保险与风险管理：在保险公司、保险代理机构、风险管理部门等从事保险产品设计与销售、风险评估与管理、保险理赔等工作
	3.金融市场与投资：在股票交易所、期货交易所、基金管理公司、私募股权投资基金等金融市场从事证券交易、基金管理、投资分析与决策等工作
	4.财务与会计：在企事业单位的财务部门、审计事务所等从事财务管理、会计核算与分析、财务报告编制等工作
	5.宏观经济与政策研究：在政府机构、研究机构、智库等从事宏观经济分析、政策研究、经济咨询等工作
	6.数据分析与市场研究：在市场调研公司、数据分析公司、互联网金融企业等从事市场分析、数据挖掘、营销策划等工作
	7.国际贸易与跨国公司：在外贸企业、外资企业、跨国公司等从事国际贸易、贸易融资、进出口业务、国际商务管理等工作
	8.金融科技与区块链：在金融科技公司、区块链企业等从事金融科技产品开发、区块链应用研究、数字货币交易等工作

二、理工科

（一）计算机类（见表 6-17）

表 6-17　计算机类专业推荐理由及就业方向

推荐理由	1. 高需求领域：当今社会数字化程度不断提高，计算机技术在各行各业的应用日益广泛。因此，计算机类专业毕业生具有广泛的就业前景，无论是技术公司、金融机构、医疗保健领域、传媒公司还是政府机构都有不同程度的需求
	2. 持续的技术发展：计算机领域的技术一直在不断发展进步，这就意味着会增加更多新兴领域和就业机会。例如人工智能、机器学习、区块链和云计算等领域都在不断更新迭代，这就需要更多计算机专业相关优秀人才
	3. 创业和自主就业机会较多：计算机领域有利于创业和自主就业。许多计算机优秀人才会选择创业或提供独立咨询服务，因为他们可以用自身的计算机技术解决现实问题并创造新的商业机会
	4. 高薪资水平：计算机类专业通常享有高薪资待遇。许多公司愿意支付高薪来吸引和留住顶尖的计算机类专业人才。特别是软件工程、数据科学、网络安全、人工智能等领域薪资水平往往较高
就业方向	1. 软件开发：负责开发和维护各种软件应用程序。可以选择软件公司、互联网公司、科技创新企业等就业
	2. 网络运维：负责设计、配置和维护网络设备，确保网络的稳定和安全。可以选择在 IT 公司、电信运营商、金融机构等就业
	3. 数据分析：负责通过分析和解释大量数据为企业提供商业决策支持。可以选择在金融、健康等领域的公司和机构工作
	4. 人工智能：主要从事人工智能领域的开发和应用工作，如机器学习、深度学习、自然语言处理等。可以选择在科技公司、研究机构等就业
	5. 嵌入式系统：负责设计和开发嵌入式设备和系统，如芯片、传感器等。可以选择在汽车、航天、智能家居等领域的企业就业
	6. 网络安全：负责保护网络系统和数据的安全，预防和应对各种网络攻击。可以选择在网络安全公司、金融机构、政府机构等就业
	7. 数据库管理：负责管理和维护数据库系统，确保数据的安全和高效性。可以选择在各类企业和机构就业
	8. 软件测试：负责软件的测试和质量控制工作。可以选择在软件开发公司、IT 服务公司等就业

续表

就业方向	9. 项目管理：负责计划、组织和管理软件开发项目，协调各个团队成员。可以选择在 IT 公司、软件开发公司等就业
	10. 系统设计：负责设计和规划软件或系统的整体架构，确保系统的性能和可靠性。可以选择在大型 IT 公司、科技企业等就业
	11. 云计算：负责设计和管理云计算平台和服务。可以选择在云计算服务提供商、科技企业等就业
	12. 游戏开发：负责游戏开发和设计工作。可以选择在游戏公司、互联网公司等就业

（二）电气机械类（见表 6-18）

表 6-18 电气机械类专业推荐理由及就业方向

推荐理由	1. 广泛的就业领域：电气机械工程是一个多领域的学科，涵盖了电力系统、电子技术、自动化控制、机械设计等多个领域。因此，电气机械类专业的毕业生在各行业都有就业机会，包括电力行业、制造业、汽车工业、航空航天、能源领域等
	2. 能源和可再生能源领域需求增长：随着全球对可再生能源和能源效率的关注不断增加，电气机械工程师在设计和维护可再生能源系统、电力分布系统以及智能电网方面将有更多就业机会
	3. 自动化和智能制造的发展：电气机械工程师在自动化和智能制造方面有很大的发展空间。工业 4.0 时代和物联网技术的兴起，使得自动化生产和智能制造成为制造业的发展趋势，需要电气机械类专业人才来设计和维护相关系统
	4. 相对较高的薪资水平：电气机械工程师通常享有较高的薪资待遇，特别是在一些如电力系统设计、控制系统工程、机器人技术等技术含量高的领域
就业方向	1. 电力系统与电气工程：如发电厂、输电站、变电站等电力行业的工程师、技术员、管理人员等工作
	2. 电机与电器：如电机制造厂、电器设备制造企业、电机维修与保护服务公司等的设计、生产、销售、维修等工作
	3. 自动化与控制：如自动化设备制造企业、工业自动化控制系统的设计、安装、调试与维护等工作
	4. 机械制造与维修：如机械制造企业、设备维修与保养公司等的生产、技术、维护等工作
	5. 新能源与能源利用：如新能源发电企业、能源管理与技术服务公司等的设计、研发、运营等工作
	6. 智能制造与装备：如机器人制造企业、智能制造工厂等的研发、制造、运维等工作

（三）信息通信类（见表 6-19）

表 6-19　信息通信类专业推荐理由及就业方向

推荐理由	1. 信息技术产业蓬勃发展：随着数字化时代的到来，通信技术、网络技术、数据科学等方面的专业人才需求度会越来越高
	2. 智能化、物联网需求增加：随着智能化技术和物联网的快速发展，各行各业对于具备信息通信类专业背景的人才需求也在不断增加，主要涵盖智能家居、智慧城市、自动驾驶等相关领域
	3. 大数据、人工智能行业的需求：信息通信类专业人才在大数据、人工智能、机器学习等领域有着广泛的就业前景和机会，这些领域正是当下和未来科技发展的前沿
	4. 相对较高的薪资水平：信息通信类专业的毕业生通常享有较高的薪资待遇，特别是在高科技产业和创新领域
就业方向	1. 电信运营商和网络服务提供商：信息通信类专业的毕业生可以在电信公司和网络服务提供商工作，参与网络规划、运维、维护和扩展等相关工作
	2. 互联网和科技公司：信息通信类专业的人才在互联网公司、科技巨头和创新型企业中有很大的需求，可以从事软件开发、网络安全、数据分析、人工智能等相关工作
	3. 计算机硬件和软件公司：信息通信类专业的毕业生可以加入计算机硬件或软件公司，从事硬件设计、编程、系统开发、测试等相关工作
	4. 数据科学和大数据分析领域：信息通信类专业的背景较适合在数据科学和大数据分析领域工作，处理和分析大规模数据，提供商业智能服务和决策支持
	5. 网络安全和信息保护：信息通信类专业的毕业生可以成为网络安全专家，保护组织的信息资产，防止网络攻击和数据泄露
	6. 智能物联网领域：信息通信类专业的人才在智能物联网领域有着广泛的就业机会，可以参与物联网设备的开发、管理和维护
	7. 电子商务和数字营销：信息通信类专业的毕业生可以从事电子商务平台的运营、数字营销、电子支付和在线广告等领域的相关工作
	8. 学术研究和教育：部分信息通信类专业的毕业生选择进入学术圈，从事信息通信领域的研究工作，或者成为高校教师，培养下一代专业人才
	9. 政府和军事部门：政府和军事部门也需要信息通信类专业的人才，以维护国家安全、通信系统和网络基础设施
	10. 咨询和管理：信息通信类专业的毕业生还可以在咨询公司或管理咨询领域工作，为企业提供关于信息通信技术的战略和解决方案的建议

（四）电子信息类（见表 6-20）

表 6-20　电子信息类专业推荐理由及就业方向

推荐理由	1. 就业领域广泛：电子信息技术已经渗透到几乎所有行业和领域，包括通信、医疗、金融、制造、能源等。因此，电子信息类专业的毕业生在各行各业都有就业机会
	2. 通信和网络领域需求增长：随着数字化时代的到来，通信和网络技术的需求也在不断增加。电子信息类专业的毕业生可以从事网络工程、通信系统设计、移动应用开发等方面的工作
	3. 物联网和智能设备：物联网和智能设备的兴起为电子信息类专业的毕业生提供了新的就业机会，电子信息类专业的毕业生可以从事智能家居、智慧城市、自动驾驶汽车等领域的工作
	4. 相对较高的薪资水平：电子信息类专业的毕业生通常享有较高的薪资待遇，特别是在高科技领域和科技创新公司
就业方向	1. 通信技术：可以选择在通信领域从事网络工程、通信系统设计、卫星通信、无线通信等相关职业
	2. 计算机科学与技术：可以选择从事软件开发、应用程序设计、数据库管理、人工智能、机器学习等与计算机科学相关的职业
	3. 电子硬件设计与制造：可以选择从事电路设计、半导体工程、集成电路设计、电子设备制造和维修等领域相关的职业
	4. 嵌入式系统和物联网：可以参与嵌入式系统的开发，包括智能手机、智能家居设备、汽车电子系统以及物联网应用的设计和实施
	5. 自动化与控制工程：可以选择从事自动化工程、工业控制系统、机器人技术和自动化生产线的设计和维护
	6. 数据科学与大数据分析：可以选择从事数据收集、处理和分析等相关职业
	7. 电子商务和数字营销：可以选择从事在线商务、电子支付、电子营销策略、社交媒体管理等领域相关工作
	8. 电子游戏开发：可以选择参与电子游戏的设计、开发和测试
	9. 医疗电子与生物医学工程：可以选择从事医疗设备的设计和维护，以及与医疗领域的技术创新有关的工作
	10. 能源管理与可持续技术：可以选择从事能源效率、可再生能源技术、智能电网等领域相关工作
	11. 教育技术：可以参与设计和实施教育工具、在线课程和教育技术解决方案
	12. 咨询与项目管理：可以选择在技术咨询公司或项目管理领域担任顾问或项目经理
	13. 研究与开发：可以选择参与科研工作，推动技术创新。例如在大学、研究机构或科技公司从事研发工作

（五）能源动力类（见表 6-21）

表 6-21　能源动力类专业推荐理由及就业方向

推荐理由	1. 就业前景广阔：随着全球能源需求的增长和可再生能源的发展，能源动力类专业的就业前景非常广阔。毕业生可以选择能源公司、工程咨询公司、政府机构、研究机构等，从事能源规划、能源技术开发、能源管理等工作
	2. 薪资待遇较高：能源动力类专业的毕业生薪资待遇相对较高。由于能源是现代社会发展的基础，能源工程师的工作对社会具有重要意义，因此他们通常能够获得较高的薪资待遇
	3. 技术含量高：能源动力类专业涉及的技术领域复杂多样，需要掌握能源转换、能源利用、能源管理等多方面的知识。因此，这个专业对学生的综合素质要求较高，培养出来的专业人才往往具有较高的技术水平和综合能力
	4. 可持续发展前景：全球对可再生能源的需求正在不断增长，为了应对气候变化和环境污染等问题，世界各国正在加大对可持续能源的发展和利用。选择能源动力类专业能够为可持续发展做出贡献，并参与到这一领域的创新和研究中
就业方向	1. 能源公司：毕业生可以选择传统能源公司（如石油、天然气和煤炭公司）或新能源公司（如太阳能、风能和生物能源公司）从事能源开采、储存、转化、传输和利用等工作
	2. 工程咨询公司：毕业生可以选择能源工程咨询公司，为各种类型的能源项目提供技术咨询、规划和管理服务。他们可以参与项目评估、研究、设计和监督等工作
	3. 政府与非政府组织：毕业生可以在能源部门的政府机构中任职，参与能源政策制定、监管和执行等工作。他们也可以选择加入非政府组织，参与能源可持续发展、环境保护和可再生能源推广等工作
	4. 研究与教育机构：毕业生可以在高校、研究机构、国家实验室等科研机构中从事能源领域的研究工作。他们也可以选择从事教育和教学工作，培养新一代的能源专业人才
	5. 能源管理与可持续发展：毕业生可以进入企业或机构担任能源管理岗位，负责能源的节约与管理。他们可以从事能源审计、优化能源利用、制定能源管理方案等工作，推动可持续发展

（六）临床医学类（见表 6-22）

表 6-22　临床医学类专业推荐理由及就业方向

推荐理由	1. 需求稳定：医疗行业一直是最稳定的行业之一，因为人们总是需要医生和护士来治疗疾病和保持健康。随着人口老龄化和大家健康意识的提高，医疗行业的需求也越来越大。此外，医疗技术也在不断发展，这就需要更多的专业人才来推动行业的发展。因此，医疗行业是一个非常稳定的行业，有很高的就业率和职业前景
	2. 专业选择丰富：临床医学领域包括内科、外科、儿科、妇产科、神经科等专业。毕业生可以根据自己的兴趣和目标选择不同的专业方向
	3. 高薪资潜力：由于医疗行业的专业性和需求度，临床医学类专业的毕业生通常具有较高的薪资待遇。医生、外科医生和特定领域的专家通常获得较高薪水
	4. 职业发展多样：临床医学领域提供了广泛的职业发展机会，包括升职、开设私人诊所、参与临床研究、担任管理职务以及教育和培训等
就业方向	1. 医疗机构：医生、护士等专业人员在医疗机构中工作，提供临床医疗服务
	2. 医疗保健管理：医疗保健机构需要管理人员来协调运营、财务、人力资源和政策制定。医疗管理人员可以担任医院行政职务、卫生保健政策分析师等
	3. 医疗信息技术：医疗信息技术专业人才主要负责管理医疗数据、电子健康记录系统、医疗信息安全等。他们可以在医院、医疗保健公司或医疗软件开发公司工作
	4. 临床研究和制药行业：毕业生可以选择从事临床研究员参与测试新药物、治疗方法和医疗设备的临床试验。此外，他们还可以选择在制药公司、生物技术公司和医疗研究机构中从事研究工作
	5. 公共卫生：公共卫生专业人员致力于预防疾病、卫生政策制定、流行病学研究、卫生教育等领域。他们可以在政府卫生部门、非营利组织、国际卫生机构等地工作
	6. 康复和理疗：物理治疗师、职业治疗师和言语治疗师在康复中心、医院、学校和私人实践中提供康复服务
	7. 精神健康护理：精神健康护理工作者，如精神病医生、心理治疗师、心理健康护士等，提供与心理健康相关的诊断和治疗
	8. 医疗保险：医疗保险公司需要医学专业人员来审查索赔、协调医疗服务和制定政策
	9. 医疗教育：医学专业人员可以担任医学院、护理学校、职业培训机构和医学会的教职，培训和教育未来的医疗专业人员
	10. 医学写作和传媒：医学专业人员可以成为医学作家、健康新闻记者、医学传媒专家，将医学知识传播给广大受众

就业方向	11. 健康咨询和健康管理：健康咨询师和健康管理师与个人和社群合作，提供健康建议、疾病管理和生活方式指导
	12. 国际卫生：医学专业人员可以在国际卫生组织、国际非政府组织和国际援助机构中参与国际卫生项目和援助工作

（七）生物医学类（见表 6-23）

表 6-23　生物医学类专业推荐理由及就业方向

推荐理由	1. 市场需求大：随着人口老龄化程度加剧，人们对医疗和保健服务的需求日益增长。生物医学类专业毕业生可以在医疗设备制造、药品研发、临床实验室等各个领域找到就业机会
	2. 发展前景好：生物医学类专业与医疗技术和创新紧密相关，毕业生具有较强的创新能力和应用能力。毕业生可以参与新药研发、医疗器械研制、基因工程等前沿领域的工作
	3. 薪资水平较高：由于生物医学类专业对于实验技术和专业知识的要求较高，毕业生的市场价值普遍较高。根据不同地区和行业的具体情况，生物医学类专业毕业生的薪资水平通常比其他专业的毕业生要高
	4. 职业发展机会多样：生物医学类专业涵盖了生物学、医学、化学等多个学科领域，毕业生可以选择从事实验研究、临床实践、医药销售、医疗设备研发等多种职业，有更多的机会根据个人兴趣和能力选择自己的职业道路
就业方向	1. 医疗器械行业：生物医学工程师可以从事医疗器械的研发、设计、生产、销售和市场营销等工作
	2. 生物技术公司：毕业生可以在生物技术公司从事生物制药、基因工程、生物合成等方面的研究和开发工作
	3. 医药公司：研发新药和临床试验是医药公司的重要环节，生物医学类专业的毕业生可以从事药物的研发、药品注册、临床试验和药物生产等工作
	4. 医疗机构：生物医学类专业的毕业生可以在医院、诊所、实验室等医疗机构从事临床实验、药物分析、医学检验、遗传咨询等工作
	5. 学术研究机构：毕业生可以在研究院所、高校等科研机构从事科学研究工作，进行基础研究、疾病机制研究、药物研发等
	6. 医学教育机构：生物医学类专业的毕业生可以从事医学院校的教学工作，培养新一代医学人才

问：志哥，现在交叉学科还处在发展阶段，报名的人很少，
    您建议报考吗？

　　交叉学科是指不同学科之间相互交叉、融合、渗透产生的一门新兴学科。目前来看，交叉学科开设的院校和专业是比较少的，交叉学科的出现，是为了适应当下以及未来的需求，长远来看，发展的前景很不错。从就业来看，交叉学科毕业生具备两个甚至多个学科的知识和技能，堪称"复合型人才"，比单一专业领域的毕业生可选行业多，就业面广。所以，如果你对交叉学科感兴趣，还是建议报考的。但是在报考的时候要注意，一定要认真了解学科的主要课程、培养目标、人才需求状况、毕业后的工资待遇、发展趋向等众多问题。毕竟交叉学科属于新兴的专业，各方面还在不断完善中，可能从培养方案到就业前景上还处于起步阶段，报考的时候，尽量选择那些本身在某一领域就有学科特色和优势的院校，这样的院校即使单一学科的就业前景也不错。

第七章

跨考学校选择

决定你未来的，不是你拥有的能力，
而是你的选择。

扫描二维码
获取本章视频课程

考研能上岸有时候选择大于努力，如果在择校择专业的时候能够选择一个适合自己的院校，对于跨考人来说则会事半功倍。通常在专业选择上，大家可能并没那么纠结，但是选择院校的时候，很多人都会为难：一是全国高校太多，二是感觉考名校难度大，考一般院校又不值得，甚至有些同学在每年研究生报名前都还在纠结到底报哪所学校更合适。关于跨学校选择，橙啦的"五步择校法"，也许会让处于迷茫中的跨考生找到适合自己的目标院校。

第一节　五步择校法

第一步：扒信息（查询目标范围内的院校）

考研是场信息战，尤其是确定目标院校，备考前期就需要收集院校的相关信息为后续院校筛选做准备。在目标专业已选定后就可以检索全国哪些高校有相关专业的硕士学位点。关于检索目标院校清单的工作，大家可以在网上进行搜索，也可以使用"橙啦星球"择校择专业小程序，在小程序里搜索专业可以直接筛选院校清单，效率也会更高（见图 7-1）。

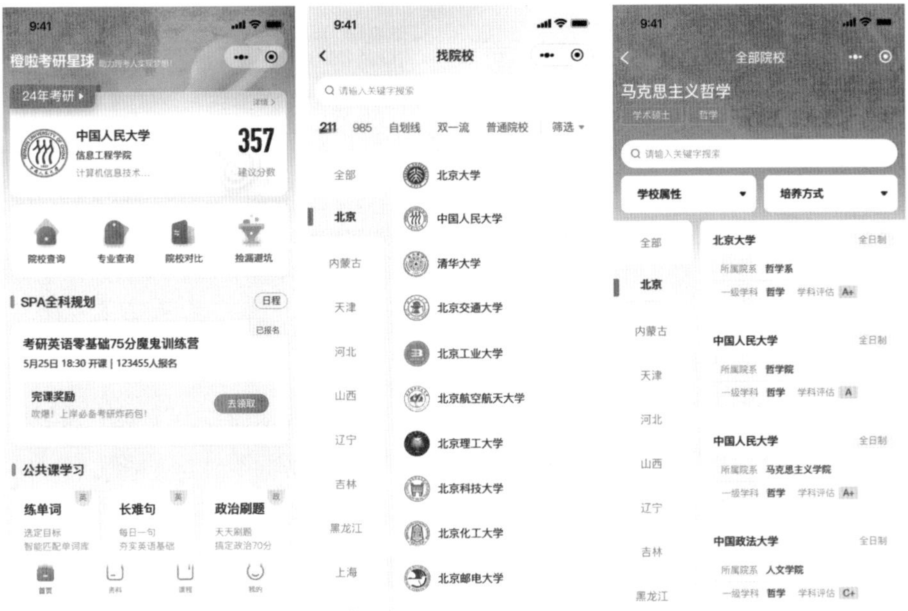

图 7-1 "橙啦星球"小程序院校库示例

第二步：圈名单（结合院校竞争指标圈定候选院校）

通过第一步"扒信息"检索出来的院校有很多，这时候就需要从众多院校中筛选出符合自己预期的目标院校。筛选过程中需要大家考虑的是院校层次（是否是 985、211 或双一流）、地理位置（去小城市还是去一线城市）、专业实力（学科实力是 A 还是 B）、历年分数线（比国家线高多少）、招生人数（招生人数多还是少）等，根据自己的未来规划、学习能力以及招生录取数据进行筛选，建议最终筛选 5~10 所院校组成目标院校清单（见表 7-1）。

表 7-1 目标院校清单示例

院校	省份	属性	专业	学科排名	参考书目	分数线	招生人数
北京师范大学	北京	985/双一流	教育学	A+	《教育学基础》《教育学》《中国教育史》《外国教育史教程》《当代教育心理学》《教育研究方法导论》	351 分	10 人

续表

院校	省份	属性	专业	学科排名	参考书目	分数线	招生人数
首都师范大学	北京	双一流	教育学	A-	《教育学基础》《中国教育史》《外国教育史教程》《当代教育心理学》《教育研究方法导论》	350分	18人
湖南师范大学	湖南	211/双一流	教育学	B+	《教育学基础》《中国教育史》《外国教育史教程》《当代教育心理学》《教育研究方法导论》	350分	6人
……	……	……	……	……	……	……	……

第三步：比数据（最终决策的四大数字指标）

目标院校清单以及相关数据收集整理好后，就需要根据关键数据以及辅助数据进行决策。其中，能作为最终决策依据的是关键数据中的四大指标。

关键数据：录取人数、报录比、复试分数线、复试要求等。

辅助数据：专业课参考书目、判卷是否压分、是否接受调剂、录取的最高分和最低分等。

以上数据都可以在"橙啦星球"小程序院校库里找到（见图7-2），部分院校可能不会公布报录比，但并不会影响择校的整体决策。建议优先选择录取人数多、报录比低、分数线低、复试要求低的院校，容易上岸。辅助数据中，建议考虑专业课参考书目相同的院校和专业课判卷宽松、给分高的院校。

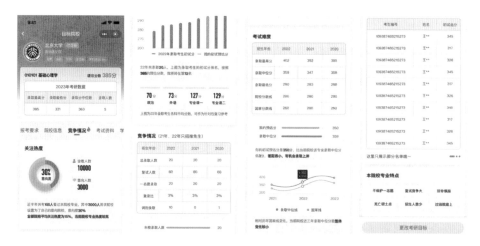

图 7-2 "橙啦星球"院校数据截图

第四步：定梯队（根据院校难度选定三个梯队）

通过关键数据和辅助数据的比较，可以把院校划分为三个梯队：冲刺院校、稳妥院校和保底院校。因为考研复习是一个漫长的过程，最终报考哪所院校需要根据自己的复习状态决定。第一梯队"冲刺院校"，通常为一些报考难度较大的名校，比如某些985院校；第二梯队"稳妥院校"，通常为难度中等的院校，属于只要复习充分基本上就能上岸的院校；第三梯队"保底院校"，一般为跟自己本科或本科层次持平的院校，备考后期如果觉得复习效果不佳，也可以选择保底院校，至少保证考上。目标院校梯队清单见表7-2。

表 7-2　目标院校梯队清单

冲刺院校	稳妥院校	保底院校
清华大学 复旦大学 ……	南开大学 武汉大学 ……	北京交通大学 中央财经大学 ……

第五步：动态调（随着个人复习情况、测试结果，动态调整院校）

在整个复习备考过程中，尤其到临近考试阶段，部分同学会有种好像怎么也复习不完的错觉，而且难以准确评估自己的真实水平。因此，定期进行阶段测试是非常必要的，让你不仅可以了解自己的真实水平，还可以根据测试结果调整目标院校。比如，橙啦考研SPA就提供了入学测试、阶段测验以及模拟考试，旨在帮助考生了解复习的真实效果，及时弥补不足之处，并最终选择最适合自己的目标院校。目标院校清单见表7-3。

表 7-3　目标院校清单

第一次择校 - 院校清单			第二次择校 - 院校清单			最终报考院校
冲刺院校	稳妥院校	保底院校	冲刺院校	稳妥院校	保底院校	稳妥院校
清华大学 复旦大学 ……	南开大学 武汉大学 ……	北京交通大学 中央财经大学 ……	复旦大学	南开大学	北京交通大学	南开大学

第二节　橙啦考研 SPA 学员案例示范

本节内容为橙啦考研 SPA 学员的真实案例。各位同学在报名橙啦考研 SPA 后，会拥有专属择校规划档案。通过了解学员的个人基本情况以及报考意愿，橙啦考研 SPA 为同学筛选目标院校清单，然后在复习过程中会通过阶段测试及实战模考帮助同学了解自己的复习情况、查漏补缺，让同学们在正式报名前确认最终的目标院校。以下为橙啦考研 SPA 学员的真实择校规划档案：

一、分析SPA学员的基本情况

在备考初期，橙啦考研择校老师会通过分析 SPA 学员的基本情况，了解到学员的籍贯、本科院校及专业、英语水平、数学水平以及备考状态和决心等。这些基本因素都与择校息息相关。比如很多同学想毕业回家乡工作，择校老师就会根据学员籍贯推荐在学员家乡影响力较高的院校。如果学员没学过高数，择校老师就会推荐不考数学的专业。学生的备考状态和决心对择校影响也很大，所以各位同学在选择院校的时候，一定要根据自己的实际情况选择最适合自己的院校。橙啦考研 SPA 学员的个人基本情况见表 7-4。

表 7-4　橙啦考研 SPA 学员择校规划档案

一、个人基本情况			
学员姓名	张华	年龄	22 岁
籍贯	湖南	现所在地	重庆
毕业 / 在读院校	重庆师范大学	所读专业	教育学
院校属性	一本	是否应届	是
四六级情况	已过六级 500+	高数情况	没学过
报考年份	2024 考研	备考情况	在校备考
备考决心（10 分）	打 9 分，我还想读一个更好的学校或通过考研回老家就业		

注：本节范例信息属实，且均已征得学员本人同意，不涉及任何侵权行为。

二、分析SPA学员的报考意愿

SPA 学员的报考意愿通常包含想要报考的地区、专业、院校属性、学习类型等。一般学员的报考意愿收集得越仔细、限制条件越多，择校老师为学生推荐的院校就越准确。所以各位同学在分析自己报考意愿的时候，一定要多问自己几个问题，这样才可以筛选出适合自己的院校清单。橙啦考研 SPA 学员报考意愿见表 7-5。

表 7-5 橙啦考研 SPA 学员报考意愿表

二、报考意愿	
报考地区	北京或者湖南
报考专业	教育学
期望院校属性	985/211
是否跨专业	否
学位教育类别	学硕
学习类型	全日制
数学类型	不考数学
外语类型	英语一、英语二都可以

三、通过分析学生的个人情况、报考意愿，搜信息、扒数据、圈名单

根据 SPA 学员的个人情况和报考意愿，择校老师会筛选出适合的院校清单，并且把院校的相关数据都列出来，一般包含地理位置、学校属性、初试专业课、参考书目、近三年分数线、拟招生人数以及往年的录取情况。院校信息收集得越齐全，越容易筛选出适合自己的院校。橙啦考研 SPA 学员院校推荐见表 7-6。

表 7-6　橙啦考研 SPA 学员院校推荐表

省份	院校	属性	专业	初试科目	专业课参考书目	分数线	招生人数	录取情况	其他
北京	北京师范大学	985/双一流	教育学	703教育学基础	1.《教育学原理》 2.《中国教育史》 3.《外国教育史》 4.《教育研究方法》	2023年:351 2022年:393 2021年:368	2023年:10 2022年:10 2021年:11	2023年最高分389,最低分351,无调剂名额	专业课普遍在225左右,自命题难度大,建议分数365+
北京	中国人民大学	985/双一流	教育学	311教育学专业基础综合	统考参考书目	2023年:365 2022年:351 2021年:350	2023年:1 2022年:5 2021年:10	2023年无人上线,2022年上线5人,最高分387,最低分358	统考,招生名额较少,专业课不压分,建议分数370+
北京	北京航空航天大学	985/双一流	高等教育学	311教育学专业基础综合	统考参考书目	2023年:350 2022年:350 2021年:340	2023年:8 2022年:9 2021年:9	2023年一志愿无人上岸,2022年上线4人,最高分383,最低分356	统考,招生人数和报名人数较少,专业课不压分,建议分数360+
北京	北京理工大学	985/双一流	教育学	633教育学基础	1.《教育学》 2.《教育管理学》 3.《高等教育组织与管理》 4.《中国教育史》 5.《外国教育史》	2023年:360 2022年:351 2021年:340	2023年:12 2022年:9 2021年:9	2023年一志愿上线18人,录取12人,最高分442,最低分364	竞争激烈,专业课自命题,不压分,普遍需要400+才算稳
北京	中央民族大学	985/双一流	教育学	311教育学专业基础综合	统考参考书目	2023年:350 2022年:351 2021年:339	2023年:11 2022年:17 2021年:5	2023年一志愿上线5人,最高分366,最低分351	2022年、2023年均有调剂需求,分数线为国家线
北京	北京工业大学	211/双一流	教育学	311教育学专业基础综合	统考参考书目	2023年:350 2022年:351 2021年:337	2023年:13 2022年:9 2021年:13	2023年无人一志愿上线,2022年一志愿上线2人,调剂7人	报考人数较少,每年均招收调剂,性价比较高

续表

省份	院校	属性	专业	初试科目	专业课参考书目	分数线	招生人数	录取情况	其他
北京	首都师范大学	双一流	教育学	774教育学综合	1.《教育学基础》2.《教育心理学》3.《中国教育史》4.《外国教育史》5.《教育学导论》	2023年：350 2022年：368 2021年：360	2023年:18 2022年:20 2021年:9	不按专业公布录取名单，无法获取录取情况	竞争比较激烈，性价比较低
湖南	湖南大学	双一流	教育学	721教育学基础综合	1.《教育学》2.《中国教育史》3.《外国教育史》4.《教育心理学》	2023年：350 2022年：351 2021年：340	2023年:11 2022年:4 2021年:3	2023年上线4人，最高分377，最低分351	往年招生人数较少，导致报考人数也相对较少，整体竞争不激烈，国家线即可录取
湖南	湖南师范大学	双一流/211	教育学	311教育学专业基础综合	统考参考书目	2023年：350 2022年：351 2021年：344	2023年:6 2022年:6 2021年:5	2023年上线3人，最高分365，最低分350	招生人数较少，分数整体不高
择校建议	在北京，可以选择的院校很多，北京师范大学作为全国教育学排名第一的院校是首选，但也同样因为专业排名全国第一，专业课也是自命题，所以报考难度较大，整体竞争也非常激烈。 北京理工大学、北京航空航天大学、中国人民大学都是985院校，所以竞争也较大。其中北京理工大学虽然招生人数多，但专业课也是自命题，分数线也相对较高，不建议报考。 湖南大学和中央民族大学作为性价比很高的985院校，整体备考难度不大，尤其是中央民族大学，每年都接受调剂名额，相对较好考。湖南大学近几年开始扩招，虽然专业课是自命题，但内容跟各专业基本一致，难度不大，性价比较高。 首都师范大学作为非985/211院校，其教育学专业在所有师范类院校中报考难度却不亚于985/211院校。专业课为自命题，往年存在招不满的情况，中央民族大学作为稳妥院校。 如果想考回老家，湖南师范大学是个不错的选择，该校在湖南当地具有一定影响力，报考的人数较少，中央民族大学作为保底院校，相对来说较容易上岸。 建议：北京师范大学、北京航空航天大学、中国人民大学为挑战院校；湖南大学、中央民族大学作为稳妥院校；湖南师范大学作为保底院校，然后根据自己的复习情况和测试成绩进行动态调整								

四、定梯队（根据学生复习情况确定梯队院校）

根据收集到的院校相关信息，择校老师会与学生作进一步沟通，确定三个梯队的目标院校：北京师范大学作为挑战院校；湖南大学、中央民族大学作为稳妥院校；湖南师范大学作为保底院校。由于距离报名还有较长的复习时间，所以，最终要报考哪所院校还要视后期的复习情况而定。橙啦考研 SPA 学员第一次择校情况见表 7-7。

表 7-7　橙啦考研 SPA 学员第一次择校情况

三、择校情况		
第一次择校（报名即择）	入门测试：政治 37 分　英语 55 分　教育学 155 分	
挑战院校	稳妥院校	保底院校
北京师范大学	湖南大学、中央民族大学	湖南师范大学

五、动态调整，最终确定目标院校

SPA 学员在 6 月完成基础阶段的学习后会进行一次测试。在本次测试后，择校老师会根据测试结果再次调整学生的目标院校。SPA 学员在 9 月完成强化阶段的学习后，会再进行一次测试，择校老师会根据测试结果与学员进行最后的择校沟通，并确定最终的报考院校。同时也会有针对性地为学员后续的复习做出详细的复习规划。橙啦考研 SPA 学员最终择校情况见表 7-8。

表 7-8　橙啦考研 SPA 学员最终择校情况

三、择校情况		
第一次择校（报名即择）	入门测试：政治 37 分　英语 55 分　教育学 155 分	
挑战院校	稳妥院校	保底院校
北京师范大学	湖南大学、中央民族大学	湖南师范大学
第二次择校（6 月）	基础测试：政治 55 分　英语 63 分　教育学 180 分	
挑战院校	稳妥院校	保底院校

续表

北京师范大学	湖南大学、中央民族大学	湖南师范大学
第三次择校（9月）	强化测试：政治 65 分 英语 70 分 教育学 220 分	
挑战院校	稳妥院校	保底院校
北京师范大学	湖南大学	湖南师范大学
最终院校	北京师范大学	

第三节　考研院校推荐

一、较好考的985院校推荐（见表7-9）

表 7-9　较好考的 985 院校及推荐理由

学校	推荐理由
西北农林科技大学	除传统工科外，工商管理（MBA）、金融、法律（法学）、社会工作等专业近几年都招不满，如果想报考上述专业，这所985院校是不错的选择
中国海洋大学	中国海洋大学算"调剂大户"，电子信息、计算机、新闻传播、工程管理、教育管理、旅游管理等数十个专业每年都会接收调剂，非全和全日制硕士都有，相关专业的同学可以提前关注下
哈尔滨工业大学	哈尔滨工业大学包括本部、深圳、威海三个校区。该校出分早、复试早，即便没进复试或者复试被刷也不影响调剂。 初试专业课不压分，除个别比较难的专业以外，其余专业的专业课给分都比较足。如果报考深圳校区或者本部没有过线，则有机会调剂到威海校区，最大限度保护一志愿考生
中国科学技术大学	中国科学技术大学在 2021 年有将近 20 个院系招收调剂考生，部分专业接收校内调剂，部分专业接收校外调剂，总体调剂名额在 700 人以上
大连理工大学	大连理工大学有本部和盘锦两个校区。往年复试出成绩快，和哈尔滨工业大学类似，会优先校内调剂。即可以考本校区，即便最后没过线，也有机会调剂到盘锦校区
吉林大学	吉林大学是985里面的"巨无霸"，这里的"巨无霸"不只是指它的校园面积（有一句话叫美丽的长春在吉大），更多是指它的学科门类齐全。除了军事学，吉林大学院系涵盖了其余十二大学科门类。吉林大学专业课也不压分，复试比较公平，推荐专业：计算机、地质学、通信工程、经济学等

学校	推荐理由
中国农业大学	中国农业大学各个学科门类齐全,综合实力较强,招生人数多,报考人数少,报录比接近2∶1。只要能进复试,被录取的概率较高,性价比非常高
兰州大学	如果不考虑地域问题,或者想要在西北地区发展可以考虑兰州大学。该校科研实力强,但报考人数较少,算是985院校中比较好上岸的院校
中央民族大学	中央民族大学这几年一直在扩招,因此近年一直有调剂名额。根据近几年的调剂信息,主要招收的专业包括国际商务、金融、马克思主义民族理论与政策、美术、电子信息、光学工程、中药学、工商管理硕士(MBA)、公共管理硕士(MPA)等专业

二、高性价比211院校推荐(见表7-10)

表7-10 高性价比211院校及推荐理由

学校	推荐理由
北京交通大学	交通运输工程专业、计算机专业、通信专业就业很好。法学、马克思主义理论专业录取分数较低
北京工业大学	计算机专业很强,通信、机械、电子类专业不错,就业很好
北京科技大学	经济类专业实力较强,比如会计学硕招的人较多,录取分数基本在360~370。材料学专业也很强,招的人也多,录取分数线不高
中央财经大学	考试大纲或参考书、报录比、考试真题、招生计划等重要信息全部公开透明。复试对待学生也是一视同仁
对外经济贸易大学	不歧视"双非""三跨""多次考研"的考生。考生普遍反馈学校比较公平,一视同仁
中国矿业大学(北京)	这三所学校都在北京,地理位置非常优越,但是学校都不是特别热门。三所学校的王牌专业招生人数都不少,但报考人数较少,录取分数也不高,推荐报考
中国地质大学	
中国石油大学	
西南交通大学	工科专业招生很多。如土木专业实力很强,但实际报考人数并不多,毕业生就业不错
四川农业大学	由于很多同学不想报考农业类大学,导致该校每年都接收很多调剂考生,性价比很高
西南财经大学	财经类院校里的热门院校,整体难度不低,但相对中央财经大学、上海财经大学而言,西南财经大学还是比较好考的
浙江财经大学	推荐浙江财经大学国际商务专业,该专业近年大幅扩招。专业课参考书只有一本,且初试不压分,招生多、难度不大

学校	推荐理由
天津医科大学	考北京的医科大学难度基本比较大，如果想在京津发展，可以考虑天津医科大学，综合实力较强
福州大学	福州大学综合实力较强，但不少专业报考人数并不多，很多专业接收调剂，性价比很高
东华大学	地理位置在上海，未来想在上海就业的同学可以考虑这所学校。难度不大，性价比很高
华中农业大学	农业类院校，不少专业接收调剂，容易上岸
华南师范大学	华南师范大学是同级别师范院校中竞争最小的院校，录取标准低于南京师范大学、北京师范大学、陕西师范大学等院校
南昌大学	南昌大学学校综合实力不错，但受限于地理位置，专业课不压分，普遍给分高
湖南师范大学	部分专业实力较强。湖南当地认可度高，相对好考
长安大学	学校较公平、不歧视，往年生源多数都是双非院校的学生
辽宁大学	如果不考虑地域限制，想要以不高的分数考一个211名校，可以考虑辽宁大学，性价比高
东北师范大学	教育部直属，复试公平公正、没有歧视，性价比高
哈尔滨工程大学	不少专业实力不比哈尔滨工业大学差，录取分数比哈尔滨工业大学低很多，性价比很高
石河子大学	初试分数比一区低10分左右，不介意地理位置的考生可以选择报考
内蒙古大学	内蒙古大学受限于地理位置，报考人数较少，但是生物学、生态学、动物学专业学科实力很强，推荐相关专业同学报考

三、高性价比双非院校推荐（见表7-11）

表7-11 高性价比双非院校及推荐理由

学校	推荐理由
东北财经大学	位列全国五大财经类院校之一。经济学、管理学、财政学、会计学等专业都是该校的王牌学科
江西财经大学	实力雄厚、特色鲜明。财政学、法学、信息管理与信息系统、会计学、市场营销、金融学是该校最具优势和特色的专业
西南政法大学	被誉为新中国法学教育的"西南联大"、新中国法律界的"黄埔军校"。经济法和诉讼法是国家级重点学科

续表

学校	推荐理由
华东政法大学	被誉为法学教育的"东方明珠"。以法学学科为主，兼有经济学、管理学、文学、理学等学科
北京语言大学	地理位置优越，特色是语言类专业
北京第二外国语学院	被誉为"外交家的摇篮"和"旅游人的港湾"。外语外事、对外经贸、旅游管理等专业较强
河北大学	学科设置齐全，国家重点学科较多，历史学、化学、生物学、光学工程等都是强势学科
湘潭大学	有政治经济学、诉讼法学、化学工程、凝聚态物理等一大批重点学科和优势学科。其中，流变力学、消费经济学还首创于该校
扬州大学	江苏省重点综合性大学，动物医学、农学、化学、水利水电工程、汉语言文学是国际级特色专业。数学、文学、化学、机械设计制造及其自动化等属于省级重点专业
山西大学	拥有百年历史，物理学、应用化学、生物科学、历史学是国家级特色专业
中北大学	位于山西太原，属于国家二级保密单位。被誉为"军工泰斗"和"人民兵工第一校"，测控技术与仪器是国家级特色专业（B+），电子信息工程、通信工程专业都很强
江苏大学	江苏大学主要以农业机械为特长。流体机械及工程、农业电气化与自动化、机械制造及其自动化是该校实力最顶尖的学科
燕山大学	机械工程和材料学专业可与清华大学、浙江大学、上海交大等名校并肩
南京工业大学	在化工领域全国一流，而且地理位置优越，性价比高
浙江工业大学	浙江省新晋的五所重点建设大学之一，地理位置优越，就业认可度较高
浙江工商大学	中国近代最早培养商业人才的学校之一，重点专业为经济学，统计学、工商管理、会计学学科评估 B+，学科实力很强
深圳大学	拥有五个国家级特色专业建设点（电子信息工程、建筑学、工商管理、计算机科学与技术、金融学）。深圳大学是国家高度重视的特区大学，地理位置优越，毕业生就业质量不错，认可度高
首都医科大学	重点学科的数量超过部分 211。外科学、眼科学、耳鼻咽喉学是国家重点学科
南方医科大学	前身是中国人民解放军第一军医大学。人体解剖与组织胚胎学、内科学、中西医结合临床是国家重点学科
广东外语外贸大学	省属重点大学，位于广州市。语言类专业是特色，法语、日语、英语等学科评估 A+，国际经济与贸易、金融学、会计学、工商管理是省级特色专业
河南大学	双一流高校，世界一流学科建设高校。师范类、医学类、法律类专业比较厉害。有"推荐免试研究生"资格和"国防生后备军官"培养资格
西安理工大学	有"小 211"之称，水利水电工程和测控技术与仪器是国家级重点学科，就业质量较好

续表

学校	推荐理由
西安建筑科技大学	中国"建筑老八校"之一，土木建筑类专业知名度很高，结构工程、环境工程是国家重点学科
中国科学院大学	隶属于中国科学院，位于北京，地理位置优越，科研氛围浓厚，性价比很高
华侨大学	位于厦门泉州，建筑学、土木、工商管理、旅游管理专业实力较强，留学生较多

志哥推荐

"橙啦星球"小程序介绍

基于橙啦考研庞大的院校专业数据库和 IT 强大的数据算法体系，橙啦研发了考研上岸 AI 智能择校系统"橙啦星球"。

进入"橙啦星球"智能择校小程序后，通过自主选择信息或同橙啦专属智能机器人——小智的语音交互，可以完成对考生基本信息的评估，形成竞争力分值。在与各学校专业分值进行对比、匹配之后，小智会推荐与考生实际情况对应的冲刺、稳妥、保底院校。这一步在帮助考生更加具体地了解自身竞争力的同时，也大大节省了考生的决策时间与成本。

"橙啦星球"小程序主要服务于橙啦考研的同学，帮助各位考生通过大数据 AI 择校，快速定位高性价比院校，同时也可以帮助考生查询各个院校的历年报考信息，比如招生人数、分数线、拟录取名单等。除此之外，"橙啦星球"还有统考资料、专业课真题、上岸经验、学长学姐资源库、免费公开课等内容为考研同学全程助力，帮助同学们一战上岸。

智能择校系统生成的专属院校报告，不仅有近三年的各种录取数据，帮考生省去了到处找信息的烦恼，而且做出了数据趋势分析，根据近几年的数据变化情况，帮助考生更好地做出判断与选择。科技赋能的背后是橙啦强大的智能化数据库做支撑。橙啦拥有专业完备的院校专业数据信息，截至目前，已经录入了上万名学员的报考和上岸信息，大数据的背后，是高度匹配的报考指导画像。

问：志哥，近些年很多同学都选择"逆向考研"，您怎么看？

　　关于"逆向考研"，其实就是很多本科院校不错的同学，比如985/211的同学，考研选择了双非院校。随着考研竞争的加剧，考得好不重要，考得上最重要；管它什么岸，只要能上就行。对于多次考研的同学来说，比如"三战""四战"的同学，其实研究生学历已经成为一种执念，当"向上"的名额有限，"逆向考研"就成了大环境下个体追求进阶的次优解。在有限的选择里，放弃名校情结和自我内耗，选择逆向考研上岸，与自己和解，需要很大的勇气，我为这些同学点赞。而有一些学生，"逆向考研"属于他们综合考量能力、兴趣、就业和城市之后的理性选择，对那些目标清晰的考生，所谓的"降级"反而让他们以退为进，拾级而上。实际上，无论是向上考研，还是向下考研，无论是读研还是就业，都是一种选择。在自己的人生旅程里，无论做出什么选择，只要竭尽全力，都能奔向美好的未来，不存在什么"逆向"与"顺向"。

扫描上方二维码
即可进入"橙啦星球"

第三篇

备考攻略

CHENGLA

第八章
考研初试备考攻略

成功往往不在于你准备的时间有多长，
而是时间、效率、耐力三者的乘积。

扫描二维码
获取本章视频课程

第一节　公共课复习攻略

考研公共课，是指由教育部统一命题的科目。包括政治、英语和数学。在考研备考过程中，公共课占据了非常重要的地位。一方面，教育部明文规定，不管考生总分多少，如果公共课某门科目没有通过单科线，则没有资格参加研究生复试，每年在录取过程中仅一个英语学科就使很多考生与目标院校失之交臂；另一方面，某些院校在录取过程中会有特殊的偏好，会优先考虑某门公共课较好的学生。其中，大部分院校会更偏爱英语成绩好的考生，因为读研期间需要阅读大量的英文文献，英语水平较高会是一个很大的加分项。

相比较英语学科，很多同学认为政治学科比较简单，可以短期内快速提升。但是根据每年的考试情况来看，仍然有很多同学因为政治科目未能达到分数线而无法进入复试。因此，各位同学需要认真对待考研政治学科，尽可能取得高分。

数学学科也是很多同学的噩梦，两极分化很严重。数理思维好的同学，学起来会轻松很多，考试也可以拿到较高的分数。不擅长数学的同学，学起来则会觉得很痛苦。但是考研数学并没有大家想象中那么难，只要跟着老师的节奏，按部就班，认真复习，结果一般都不会太差。下面详细地为大家介绍一下政、英、数三门公共课的备考攻略。

一、政治复习攻略

（一）政治学科介绍

很多同学感觉相较英语和数学，政治可能是所有考研公共课中最简单的科目，但等出成绩的时候才发现，胸有成竹的科目也仅仅是刚过国家线。随着考研内卷的加深，政治 70+ 已经成为上岸好学校的标配。考研政治是一门内容广泛、复习量大、且与时政热点联系非常紧密的学科。自 2023 年起，备考教材会新增加一本《习近平新时代中国特色社会主义思想概论》，这使得考研政治内容更加全面，题目也更加灵活多变。如果想要政治拿高分，除了需要付出足够的努力，还需要完整的备考规划。下面就为大家详细介绍考研政治科目以及备考攻略。

1. 考研政治试卷内容组成（见表 8-1）

表 8-1　考研政治试卷内容组成

科目	分值占比 / %
马克思主义基本原理	约 22
毛泽东思想和中国特色社会主义理论体系概论	约 13
习近平新时代中国特色社会主义思想概论	约 22
中国近现代史纲要	约 15
思想道德与法治	约 15
形势与政策以及当代世界经济与政治	约 13

2. 考研政治试卷题型结构（见表 8-2）

表 8-2　考研政治试卷题型结构

题型	分值
单项选择题	16 道题，每题 1 分，总分 16 分
多项选择题	17 道题，每题 2 分，总分 34 分
材料分析题	5 道题，每题 10 分，总分 50 分

（二）政治学科特点

1. 理论性强

政治是一门理论性较强的学科。考研政治要求考生掌握一定的政治理论和政治思想，而且初试有六本参考书目、上千个考点，复习量较大。

2. 综合性强

考研政治涉及的内容广泛，包括政治学基本理论、国际政治、中国政治、政治制度、政治经济学、政治思想史等多个方面，考生需要综合运用这些知识进行分析和解答。

3. 理论与实践相结合

理论与实践相结合是考研政治的一个重要特点。考生除了要了解政治学理论知识，还需要结合实际情况进行分析和应用。考研政治也会涉及一些政治问题和政策分析，要求考生具备一定的政治思维和分析能力。

4. 时效性强

考研政治与当下时政热点密切相关。近几年选择题部分考点更倾向与当下时政热点相结合，每年重大时政热点问题也往往是分析题的切入点。

5. 考查综合素质

考研政治不仅考查考生对政治学的熟悉程度和理论素养，还会考查考生的综合素质，包括分析问题能力、逻辑思维能力、语言表达能力等。

（三）政治全年复习攻略

考研政治的特点是内容繁多、背诵量大。考试参考书目从原来的 5 本增加到了 6 本，涉及的知识点众多，需要大量背诵。此外，时事政治也是考试的重要内容及组成部分，考试通常会结合当年的政治热点事件和重要纪念日进行出题。一般分析题得分差距不会太大，能直接决定政治总分的是选择题。因此，在复习过程中，注重选择题的训练尤为重要。现在的政治考试越来越注重考生的理解和应用能力，因此，需要花费更多的时间理解政治知识点并学会归纳总结。

考研政治高分的秘诀有两个：一是开始，二是坚持。在开始和坚持之前需要制定一个高目标，这样复习起来方向才会更加明确。要想顺利通过考研初试并且在复试中保持一个较高名次，考研政治的分数就要尽可能考得高，以下内容为考研政治 75+ 备考方案：

首先需要对目标分数 75+ 进行拆解，对应到试卷上的各个模块，分数要求分别为：选择题（38+）、分析题（37+）。

拆解依据：考研政治各个模块命题规律和考查特点有所区别，总分 75+ 得分点也有不同的侧重，拆分复习能够将其化整为零。

选择题可以进一步拆分为 16 道单选题和 17 道多选题，分析题拆分为 5 道具体科目。想要实现总分 75+ 的目标，16 道单选题至少要做对 14 道，17 道多选题至少要做对 12 道，5 道分析题，每道题要拿到 7 分以上的分数。

选择题 38+ 目标的兑现——要注重知识点和时事热点。参考书和讲义是基础性的，时事热点是关键性、决定性的。知识点的渐进过程：核心概念→核心知识点→核心考点。核心概念是基础之基础，概念不清、听课不明，核心概念为暑期核心知识点奠定效果保障。核心知识点是全年最全一轮的知识点讲解，是做题过程中的知识点依据，对知识点没有把握，做题时就会凭感觉蒙题。核心考点是能考、能上卷面的点，是知识点与时事热点的结合，是押题级别的重点。

分析题 37+ 目标的兑现——靠押题或者考前背几套押题卷，初试基本上就是国家线水平，不仅浪费了政治这个科目本身积攒的优势，还会给其他科目和总分拖后腿。分析题要注重三个维度：一是基础知识掌握要扎实。要想在政治分析题中取得高分，首先要掌握扎实的基础知识，要系统地学习政治各个科目的基本原理和重要理论。二是结合时事热点，提高时政素养。分析题的命题紧扣时事热点，要求考生具备较强的时政敏感性和分析能力。在备考过程中，要关注国内外重大政治事件，了解政策动态，提高自己的时政素养。此外，要学会运用政治理论分析现实问题，提高自己的分析能力。三是注重解题技巧和方法的训练。分析题的解题技巧和方法对得分至关重要，在备考过程中，除了要多做题，总结解题经验，还要熟练掌握各种解题技巧和方法。同时也要注意培养自己的思维能力，提高解题速度和准确率。

明确了各个模块的目标分数之后，接下来就是熟悉各个模块时间精力的投入占比和复习顺序。根据各科目在考研政治中所占的比重和难易程度，建议时间精力投入和复习顺序为：马克思主义基本原理 > 中国近现代史纲要 > 毛泽东思想和中国特色社会主义理论体系概论 > 思想道德与法治 > 习近平新时代中国特色社会主义思想概论 > 形势与政策以及当代世界经济与政治。以下为各阶段详细的复习规划和课程安排：

1. 导学阶段（1—2 月）

（1）学习目标

了解考研政治科目的基本内容、考试题型、学习重点以及全年的复习规划。

（2）复习规划

导学阶段主要建立对考研政治的初步印象，总体把握考研政治的性质、考查目标、考查内容和形式，建立考研政治各模块章节体系逻辑框架、了解考试特点和命题规律、熟悉考研政治整体备考复习规划和各阶段的学习目标和任务。在导学阶段，跟着橙啦安排的导学课程认真听课即可。同时，要对考研政治要考的 6 个科目有清晰的认知，初识 6 个科目的学习重点和方向，明确自己的复习规划和节奏。本阶段最重要的是培养政治的认知思维，因此建议在课余时间可以补充拓展一些政治知识，比如关注《人民日报》的客户端，每天了解重要新闻；或者阅读一些能传达党中央政策精神的文章或者资料；也可以看些历史题材的政论片，如《复兴之路》和《旗帜》，电影如《建国大业》《建党伟业》《辛亥革命》，电视连续剧《觉醒之路》等。如果想看历史资料，可以看金一南将军的著作《苦难辉煌》，以此增加大家对近现代历史的认识，为将来学习《中国近现代史纲要》和《毛泽东思想和中国特色社会主义理论体系概论》相关内容打下良好基础。

（3）课程安排（见表 8-3）

表 8-3　政治导学阶段课程安排

学习内容	内容说明
各科入门导学	橙啦考研老师会对考研政治的 6 个科目作全方位的说明，明确每个科目的具体考情，包括选择题、分析题的特点及趋势，以帮助大家精准掌握政治各科目的学习重点和方向
核心先导课程	老师将从生活中的政治和历史中的节点两个方面帮助大家进一步理解考研政治

2. 基础阶段（3—6 月）

（1）学习目标

考研政治基础知识点理解与记忆。这一阶段高分需求学员或基础较弱学员须熟悉考研政治理论大体框架与知识点，简单掌握政治学科基础知识。

（2）复习规划

基础阶段复习主要以听课为主，不需要太深究每个知识点，更不用去做大量的题目，也没有背诵任务。基础阶段主要攻克考研核心考点、掌握基础知识与基本题型。考研政治 6 个科目里章节最多的是《习近平新时代中国特色社会主义思想概论》，难度最大的是《马克思主义基本原理》，这两门课也是相对比较费时间的，在基础阶段复习的时候要注意把控复习节奏。基础阶段不要求大量背诵，能看懂书、结合选择题巩固理解就可以。同时务必要梳理科目框架，建议可以使用思维导图软件进行梳理，这是一个非常好的整理学科思路的过程。

（3）课程安排（见表 8-4）

表 8-4　政治基础阶段课程安排

学习内容	内容说明
全科扫盲课程	旨在帮助大家了解考研政治的题型分布及各板块内容，以及介绍不同阶段的学习方法
核心概念课程	此阶段课程开始学习和理解知识点，首先要在听课的基础上把握每个概念的核心意思。该阶段课程的目标是能通过一个词、一个短语、一句话概括出所讲概念的含义

3. 强化阶段（7—8 月）

（1）学习目标

强化阶段以整体全面的知识点复习为主，模拟题练手为辅，用题目来反哺知识点，让知识点不断重现，以强化对知识点的认知。

（2）复习规划

7 月开始就进入暑期强化的全面复习阶段，此阶段以整体全面的复习知识点为主，刷题为辅，以此再巩固知识点，是全年复习周期的重点。强化阶段主要看橙啦考研政治的核心课程即可，课程密度大、强度高是这个阶段的特点。

强化阶段的核心是熟练掌握具体知识点、匹配真题考点。这一阶段是全年考研政治学习的第一个黄金时期。在这一阶段需要掌握各个科目的核心考点，梳理整体知识逻辑框架，提高理解运用能力和选择题的解答能力。强化阶段的课程，老师不仅会深入讲解基本概念、基本原理的内涵，还会明确指出重难点，帮助大家建立一个完整的逻辑框架。通过此阶段的复习，考生应当在充分理解的基础上，明确每个科目的重要知识点。强化课程结束后，建议考生趁热打铁，尽快消化暑期课程学习的内容，对照讲义，加深对重点内容的理解和初步记忆。强化阶段不建议大家去背分析题，以攻克选择题为主。

（3）课程安排（见表8-5）

表8-5　政治强化阶段课程安排

学习内容	内容说明
各科知识图谱课程	该阶段课程以全面系统讲解知识点为主、刷题为辅
核心600题带练课程	带练课程将对600题进行详细的讲解，采用"知识点＋做题方法"相结合的讲题方式，以期帮助同学们建立良好的做题思路，培养优质的做题思维，对选择题实现质的突破

4. 刷题阶段（9—10月）

（1）学习目标

刷题阶段的主要任务是拔高知识点，以及解决客观题尤其是多选题。主要目标是进一步熟练掌握知识点和重点章框架，在习题课和真题课中打造高分做题思维并养成高分做题习惯。

（2）复习规划

此阶段通过橙啦考研政治安排的高强度题目训练，熟知做题技巧，在刷题中反哺知识点，把知识点融入题目中，练就用知识点分析题目的本领，做到知识点和题目在思维中的统一，以达到刷题意义的最大值。

在这一进阶学习过程中，大家要认真消化课程。知识点方面，要能清楚区分易混点、深刻理解重难点、口诀串联多要素内容（即内容较多的考点）；练题方面，考研政治包含三种题型，总分高低不取决于单选题，而是多选题和分析题。因此，在此阶段要完成政治选择题的专项刷题训练，通过刷题达到巩固知识点记忆以及查漏补缺的效果。本阶段要认真复习暑假强化课程，启动习题练习。在遇到不会做的题目或者不懂的知识点时，应立即回归到讲义或教材中进行复习。该阶段可以做2~3套真题，一方面，体验一下真题的命题风格和出题思路；另一方面，深入研究一下历年真题命题的特点和重难点，以便及时调整复习策略。这个阶段大家可以简单看看分析题，厘清答题思路和框架，但不建议直接背答案。另外做题的过程中不能局限于题目是否做对，更重要的是学会解题的思路和技巧，特别是对这个题目的命题知识点的理解。

（3）课程安排（见表 8-6）

表 8-6 政治刷题阶段课程安排

学习内容	内容说明
真题精讲课程	通过对真题的讲解，让同学们了解真题的出题原则，并掌握选择题的做题技巧、分析题的审题做题原则等

5. 冲刺阶段（11—12 月）

（1）学习目标

冲刺阶段主要是对分析题进行集中背诵、训练，重点记忆核心考点并活学活用答题技巧；通过模考来检验学习效果，保持考试状态。

（2）复习规划

冲刺阶段是考研政治复习的最后一个阶段，也是一个将知识学习转化为答题能力的最核心的阶段。在本阶段中主要突破的是主观题部分，考研大纲变化的核心体现也是在主观题部分。本阶段务必要完成政治专业答题术语的训练，将常识大白话转化成政治试卷标准用语，从而拿到主观题 50% 以上的分数。

橙啦课程到了冲刺阶段，政治前四部分的内容已经经过完整的两轮知识讲解和配套训练，因此本阶段重点讲解核心考点内容，进一步压缩必考点。老师会带领大家从全局上熟练掌握知识点，并对重点和高频考点做系统化梳理，让大家不仅能够更好地串联起某一个科目的考点，更重要的是实现不同科目之间考点的关联。时政是每年重要的考核内容，知识点琐碎庞杂。在冲刺阶段会分析时政热点，并进行系统化总结。在最后的冲刺阶段中，需要大家每天抽出一定时间对知识重点和高频考点进行强化记忆。需要大家对各门课的知识进行认真的梳理，有效的整合，在头脑中形成对整个章节的知识框架图。

（3）课程安排（见表 8-7）

表 8-7 政治冲刺阶段课程安排

学习内容	内容说明
核心考点串讲课程	主要通过对各个科目的知识点进行重点、难点筛选，整合处理，全科串讲，选择题和分析题分题型讲解，明确备考方向

续表

学习内容	内容说明
40 天 领背课程	老师会每天领背 45 分钟，持续 40 天。此课程的目的是解决背什么、怎么背、背了怎么用的问题。领背课程是冲刺阶段的重中之重，一方面掌握核心选择题考点；另一方面通过老师的梳理、引导，用关键词提领句子，用逻辑顺承段落，彻底解决分析题机械记忆、死记硬背，无法灵活应用的问题
押题课程	考前 10 天会发电子版的精华总结，是对此前所学内容的缩减，配以直播课。三套押题卷是考前的重头戏，同学们应规范进行模考，并按时听直播课。 考前一晚是年度最后一课，有陪伴，也有知识点，橙啦政治一直陪你到最后

二、英语复习攻略

（一）英语科目介绍

考研英语的总分为 100 分，大部分同学的平均分为 50 分左右。如果想要考好的学校，建议英语初试成绩为 75 分左右。英语复习应该贯穿整个考研复习过程，并且奠定整个考研复习的节奏。因此，大家需要在备考期间制订合理的复习计划，并掌握正确的答题技巧和方法，通过大量的模拟练习和真题分析来提高应试能力。前期英语学科的充分准备能为整个考研复习打下坚实的基础，避免后期产生不必要的焦虑。

由于各个专业对英语的要求不同，考研英语分英语一和英语二。大多数情况下，三年的学术型硕士，比如文学、哲学等专业考英语一；两年的专业型硕士，比如 MBA、教育专硕等考英语二。整体而言，英语一的难度要大于英语二。英语一可能会有超纲词汇，语法更复杂，阅读难度更大，作文要求也比英语二更高。

1. 考研英语试卷内容及分值占比（见表 8-8）

表 8-8　考研英语试卷内容及分值占比

单位：%

试卷内容	分值占比（英语一）	分值占比（英语二）
完形填空	10	10
阅读理解	40	40

续表

试卷内容	分值占比（英语一）	分值占比（英语二）
新题型	10	10
翻译	10	15
写作 A	10	10
写作 B	20	15

2. 考研英语试卷结构（见表 8-9）

表 8-9　考研英语试卷结构

题型	分值（英语一）	分值（英语二）
完形填空	20 小题，每小题 0.5 分，共 10 分	20 小题，每小题 0.5 分，共 10 分
阅读理解	20 小题，每小题 2 分，共 40 分	20 小题，每小题 2 分，共 40 分
新题型	5 小题，每小题 2 分，共 10 分	5 小题，每小题 2 分，共 10 分
翻译	5 小题，每小题 2 分，共 10 分	一个篇章，共 15 分
写作 A	10 分（小作文）	10 分（小作文）
写作 B	20 分（大作文）	15 分（大作文）

（二）英语学科特点

1. 广泛性

考研英语涉及的内容广泛，题型包括完形填空、阅读理解、新题型、翻译、写作等。

2. 综合能力

考研英语注重考查学生的综合能力，包括记忆能力、理解能力、运用能力、逻辑分析能力等。学生需要在不同的语境下灵活运用所学的语言知识和技能，同时还需要具备良好的阅读理解能力。

3. 文化背景

考研英语的题目通常涉及文化背景，需要考生对英语国家的文化、历史、社会等方面有一定的了解和认识。

4. 考试形式多样

考研英语涉及的考试类型包括完形填空、阅读理解、新题型、翻译、写作等，不仅需要掌握各种题型的解题技巧，还需要进行多元化的学习，全面提高自己的英语水平。

5. 对语言运用的要求高

考研英语强调对语言运用的准确性和流畅性，要求学生在语法、词汇、句子结构等方面都能够正确地表达。

（三）英语全年复习规划

学习语言是一个长期的过程，所以考研英语复习相较于其他学科无疑是一场马拉松式的备考过程。再结合考研英语大纲中对考查目标的描述，我们可以很清楚地知道，英语复习的重点主要包含两个方面：一是语言，即包括 5 500 个左右的词汇以及一定的语法知识；二是语言技能，即能够读懂和写出不同类型的文字材料。因此，橙啦的考研英语课程结合英语学习的特点、考纲要求和应试技能将英语复习分为五个阶段，主要包括导学阶段、基础阶段、强化阶段、模考阶段和冲刺阶段，涵盖备考全周期，并从简入难逐步提升学员的英语学习能力，从单词、语法逐步进阶到阅读理解、写作等题型，让学员循序渐进掌握考试所需的语言知识和语言技能，科学全面地解决学员在学习过程中的问题。

俗话说："取乎其上，得乎其中，取乎其中，得乎其下。"大家都想尽力争取更高的分数，确实很多同学也是冲着高分去的。所以我们以总分 80+ 为例，为大家呈现最为全面的考研英语备考方案。

首先需要对 80+ 进行拆解，对应到试卷上的各个模块，分数要求分别为：阅读理解（36+）、写作（23+）、新题型（8+）、翻译（6+）、完形填空（7+）。

拆解依据：总分 80+，理论上各个题型的得分率均应在 80% 及以上。即阅读理解 32+，写作 24+，新题型、翻译和完形填空部分各 8+。考虑到阅卷过程中的实际得分，发现写作（主观题）、翻译（主观题）、完形填空（对基础要求较高）等部分的得分率通常会略低于阅读理解和新题型部分。因此在对 80+

的拆解过程中，各个题型的目标分数做出了一些校准。例如，阅卷过程中，小作文最高分通常不超过 8 分，大作文最高分通常不超过 15 分，因此写作部分总的目标分数定为了 23+；同样属于主观题的翻译部分，阅卷人表示，在有限时间内翻译得 7+ 难度极大，但是如果能够将主干、修饰分析清楚且能够灵活运用翻译方法，得到 6+ 是大部分基础较好同学可以实现的。因此翻译目标分值定为 6+；完形填空属于性价比较低且对基础要求较高的题型，但是近年来完形填空题目呈现日益简单的趋势，7+ 是比较现实的目标分值。而阅读理解基本上属于学员备考过程中投入时间、精力最多的科目，扎实的基础和对于解题技巧的灵活应用，使得 36+ 是大部分基础较好的同学可以获得的分数。

明确了各个模块的目标分数之后，接下来的问题就是，各个模块的时间和精力的投入占比是多少？要不要各个模块均衡发力？答案是否定的。建议按照分值占比以及得分的难易程度进行优先级排序。时间和精力投入的优先级排序为：阅读理解（36+）＞写作（23+）＞新题型（8+）＞翻译（6+）＞完形填空（7+）。

优先级排序依据：各个模块的分值占比以及得分的难易程度。一方面，阅读理解分值占比最大；另一方面，阅读理解模块提高的同时也可以大大提升其他题型的得分能力，所以阅读理解优先级排在第一位。写作分值占比仅次于阅读理解，且写作全是套路，得分较为容易，所以排在第二位。新题型、翻译和完形填空的分值占比相同，但新题型的方法、技巧性极强，对单词和语法等基础层面的要求较低，属于性价比很高的题型，故排在第三位。翻译和完形填空更侧重于对基础的考察，阅读理解复习过程中不可避免地就练习了翻译，所以翻译部分不需要专门抽出大量时间单独练习。完形填空属于性价比相对较低且对基础要求较高的题型，所以优先级放到最后。即使实在没有时间做完形填空，通过"选项配平"的方法也能轻松 get3 分。为了达成 80+ 的总目标，以下为各个阶段详细的备考攻略：

1. 导学阶段（1—2 月）

（1）学习目标

单词是英语复习的基础。想要看懂一句话、一篇文章，写出一篇作文，就必须搞定单词。因此学习和记忆单词贯穿整个考研英语复习过程。

除了单词，语法体系的完善也是这个阶段重要的学习目标。单词能帮我们理解词语的意思，而语法可以帮我们理解句子、文章的含义。

（2）复习规划

英语在考研备考过程中属于前置科目，即复习时间的安排是基础和强化阶段时间长，后期时间短。这符合语言学习的认知过程，单词和语法的基础打扎实，后面的速度就会快起来，从而给专业课留出复习时间。

此阶段单词的积累主要靠日复一日地背单词，根据橙啦课上老师讲的故事串联、词根词缀、激情联想、根源记忆、类比记忆、场景记忆等方法将单词部分巩固 5 遍左右。建议结合"橙啦背单词"小程序，背记高频词（926 超高频词 +1 374 衍生词）＋ 中频词（1 700）＋ 低频词（1 500）＋ 熟词僻义（500），总计 6 000 个单词。同时建议结合"长难句带练 100 句"，在真题语境中背记单词 2 遍。

考研英语语法内容不算多，跟高中英语语法基本一致，建议将高频 + 中频 + 低频语法点刷 2~3 遍，尤其是自己掌握不牢固的语法点需要巩固加强。基础特别扎实的同学可以选择直接从长难句分析开始。建议首先练习"长难句带练 100 句"前 50 句，因为这 50 句经典长难句基本覆盖了 9 大基本语法点，通过这 50 句的练习，可以较好地巩固所学的语法知识。然后继续练习"长难句带练 100 句"后 50 句，通过后 50 句的练习，将所学的语法知识点、长难句分析能力内化为自己的语言能力。

（3）课程安排（见表 8-10）

表 8-10　考研英语导学阶段课程安排

学习内容	内容说明
考研词汇串讲	包括 926 词汇在内、涵盖初高中基础词及四六级核心词。为后续掌握解题方法、真题实战训练打下最坚实的基础
考研英语核心词根串讲	以词根相关性为逻辑进行授课，讲解每个词根涉及的多个相关词汇
基础语法	从最基础的词法、句法讲起，达到可以分析考研长难句的水平

2. 基础阶段（3—5 月）

（1）学习目标

基础阶段需要夯实基础与技巧学习。本阶段要完成大纲词汇 5 500 单词的学习，熟练语法长难句的分析，对各个题型的解题方法有基本的认识，为后续刷题打下基础。

（2）复习规划

基础阶段的复习重点是在继续背单词的基础上理解各个题型的解题方法。其中可以利用碎片化时间巩固橙啦考研英语的 926 核心单词，持续跟课分析经典长难句，并总结语法现象和分析技巧。建议利用"阅读高频拿分词"小程序，结合真题篇章语境再次背记高频核心词 2 遍。

阅读理解部分重点学习橙啦英语老师课上所讲的精准定位、智慧阅读、选项分析等方法，理解阅读五大题型的解题思路，以积极互动和解决疑惑为主，旨在掌握全部方法，基础阶段不用着急做真题；翻译部分根据老师讲的"动态三步法"进行长难句的拆分、甄别单词的语境含义、解决翻译障碍，旨在掌握课上内容，基础不错的同学可以通过长难句分析尝试训练翻译；完形填空部分重点学习老师讲的完形优选法则，总结不同选项的选择过程；新题型部分理解老师讲的"逻辑关系"和"代词指代"，理解每一个选项的要领；写作部分主要是跟上上课节奏，课上认真跟着老师一起写，主要以大量输入、模仿为主。

基础阶段的学习主要是消化课上的知识点，课上跟上老师的思路，课下积极复盘，不要着急做真题，持续背单词、分析长难句即可。基础阶段建议复习时间不少于整体备考时间的 2/5。

（3）课程安排（见表 8-11）

表 8-11　考研英语基础阶段课程安排

学习内容	内容说明
考研词汇串讲	通过各种高效的记忆方法速记包括 926 在内的考研词汇。通过故事串联法、词根词缀、激情联想、根源记忆、类比记忆、场景记忆等讲解记忆单词的方法

续表

学习内容	内容说明
语法长难句 精讲 & 带练	该课程主要是语法知识点理论和长难句分析技巧讲解。利用"三步走"彻底搞定长难句（一分层、二分析、三整合）。将历年真题中的优质长难句精读带练，进行词汇的复习及拓展，以及长难句从理论到实践的应用
阅读技巧精讲 （阅读的逻辑法则）	通过"三步法"（精准定位、智慧阅读、选项分析）搞定阅读五大题型，掌握阅读细节推理题、主旨题、例证题、猜词题和态度题的解题方法
写作	通过独有的"功能句+七步法"学习写作；精讲大小作文四大类型及必备功能句；精讲数篇大小作文及万能框架，从输入到输出科学完整地写好作文
翻译的三步法则	通过"动态三步法"（拆、译、合）教大家如何进行长难句的拆分、掌握翻译必备的技能
新题型的解题法则	通过"代词指代""逻辑关系"两大法宝拿下新题型的高分，掌握新题型的答题技巧
完形填空的 优选法则	利用完形填空的优选法则，教给学生掌握完形填空答题技巧

3. 强化阶段（6—9月）

（1）学习目标

强化阶段的目标主要是刷真题和提升做题正确率，并结合真题巩固方法论，利用真题语境继续记忆单词，从而形成长期记忆。阅读理解做到无死角地掌握该题目；"小三门"做到掌握单词和解题技巧；写作部分做到使用正确功能句并总结写作思路。通过真题训练，熟悉出题人的出题逻辑和文章话题，打破错误的惯性思维，并形成一套自己的高效解题方法。

（2）复习规划

强化阶段开始全面进行英语真题的刷题训练，所以同学们无须使用任何英语模拟题。由于题型的难度和分数不一样，因此在这个阶段针对不同题型的复习时间也有所不同。

阅读部分的复习时间占比最大，以熟悉出题人思路、熟练做题方法、语境记忆单词为主，最终形成稳定的做题步骤。因此橙啦的阅读课程是以真题带练解决做题方法、超精读解决单词语法段落相结合的方式吃透阅读理解。基础薄弱的同学在这个阶段不宜盲目追求刷题数量而忽略质量，重点以理解和吃透文章为主。阅读部分重点练习并搞透 2011—2021 年共 44 篇真题阅读，达到"三无"标准。"三无"即无难题、无难词、无难句。"无难题"即所有题目都能够迅速知道如何精准定位，正确选项为什么正确，错误选项为什么错误；"无难词"即三个关键位置（题干、选项、定位句）中的单词，没有任何一个单词是不认识的（专有名词除外）；"无难句"即三个关键位置（题干、选项、定位句）中的句子没有任何一个句子是看不懂的。

写作部分的复习时间占比次之，强化阶段主要进行限时写作，并利用橙啦英语老师教的功能句总结出应对不同题目类型的写作模板，养成良好的写作习惯，力争将写作中的错误降低到最少。写作部分重点练习 2011—2021 年共 22 篇真题作文，其中小作文 11 篇，大作文 11 篇。大家务必要紧跟课程，多动笔、勤练习，才能真正地将功能句内化为自己可以随时灵活输出的内容。

"小三门"的复习时间占比虽然不多，但是要保持做题的频率，可以每天仅做任意一个题型的任意一篇题目。学会利用老师讲解的技巧在有限的时间内拿到高分。基础薄弱的同学可以在完形填空等题目上采用战略拿分的方式，将主要的复习时间放在阅读理解上。"小三门"重点练习 2011—2021 年共 33 篇真题的翻译、新题型、完形填空等题型，运用课上老师所讲的做题方法和解题技巧，在不断的练习过程中将方法技巧内化为自己的，以便灵活应用。强化阶段建议复习时间不少于整体备考时间的 2/5。

（3）课程安排（见表 8-12）

表 8-12　考研英语强化阶段课程安排

学习内容	内容说明
阅读真题带练 & 阅读超精读	阅读真题带练是逐篇、逐题讲解，掌握五大题型、28 种技巧后，通过十年真题的实训带练，提高技巧的熟练度，快速提升各种题型得分的能力。 阅读真题带练后，阅读超精读从单词、语法、篇章的层面更深层理解文章
新题型真题带练 完形填空真题带练 翻译真题带练	每天晚上一句翻译真题带练，每次半小时，从单词、长难句、翻译难点、翻译技巧等方面攻克翻译难题。 通过熟练巩固新题型和完形填空的解题技巧，从指代、逻辑衔接、篇章的角度分析题目，快速提升做题效率
小作文真题带练 大作文真题带练	通过"写作七步法"，课上手把手带写，从审题、写作框架、功能句使用等多个方面训练写作技能

4. 模考阶段（10—11 月）

（1）学习目标

模考阶段重点训练近三年的考研英语真题，近三年真题的难度和出题风格对备考有很强的预测性，所以吃透近三年真题就是拿高分的捷径之一。除此之外，单词记背不能停，而且近三年真题中的单词再次在考试中出现的频率非常高，所以要将单词学习贯穿英语备考复习的始终。

（2）复习规划

模考阶段重点以完成套卷的形式模拟考场的真实状态、心理变化，检验学习成果，并找到最适合自己的做题顺序、解题方法和各题型分配时间。模考阶段也要持续总结真题中出现的高频单词和写作话题词，梳理易混词、熟词僻义、分析错题原因。由于备考时间紧张，英语各题型不必面面俱到，而应该依照题型的分值大小分配精力，在巩固单词和写作话题词的基础上，重点对阅读理解和写作进行查漏补缺。

（3）课程安排（见表 8-13）

表 8-13　考研英语模考阶段课程安排

学习内容	内容说明
考前三次模拟	通过近三年的真题模拟训练和讲解，加深对近三年高频词的记忆以及各题型解题方法的使用。针对测试以及学生的薄弱环节进行答疑和查漏补缺
阅读真题带练	
完形填空＋新题型＋翻译真题带练	
写作真题带练	

注：重点模考近三年的真题，空出下午 2~5 点完整的三小时进行全流程的模拟考试，目的是让考生提前适应考场环境，找到最顺手的做题顺序。

5. 冲刺阶段（12 月至考前）

（1）学习目标

冲刺阶段的目标是总结写作功能句和整理自己专属的写作模板，重点记忆阅读高频单词。通过橙啦英语老师课上的写作预测和阅读预测，继续练习写作和阅读，保持状态，直到考试。

（2）复习规划

冲刺阶段的复习重点是回顾近三年真题中出现的高频词，背写近三年真题的大、小作文，将课上老师预测的阅读和作文进行限时练习。不管已经刷了多少套题，此时不需要再额外做新题，也不需要做非官方的模拟题，而是将重点放在分析错题中，调整心态，从容应考。

（3）课程安排（见表8-14）

表 8-14　考研英语冲刺阶段课程安排

学习内容	内容说明
写作预测	大、小作文重点预测，利用之前学习掌握的写作技巧，加上重点话题的练习，确保英语唯一的主观题得高分
阅读预测	根据考研英语的选材特点，在考试之前进行外刊预测，把握考研英语阅读命题趋势
考前点睛	考前重要事项叮嘱及答疑，上考场不紧张，正常发挥

三、数学复习攻略

（一）数学科目介绍

数学是很多同学的噩梦，总分 150 分，很多同学可能连 100 分都拿不到。所以数学的复习需要大家具备顽强的毅力，不能遇到困难就放弃，一定要迎难而上，不断克服各种困难，才能有好的结果。数学是一个需要长期积累的学科，考研数学的复习也必须是一个连续的过程。在复习时大家要重视基础性内容的学习，在基础知识掌握牢固之后，再学习技巧和方法，这样才可以达到事半功倍的效果。

根据工学、经济学、管理学等专业对硕士研究生入学所应具备的数学知识和能力的不同要求，硕士研究生入学统考数学科目试卷分三种，其中针对工学门类的为数学一、数学二，针对经济学和管理学门类的为数学三。

1. 考研数学试卷内容（见表 8-15）

表 8-15 考研数学试卷内容

单位：%

试卷内容	数学一	数学二	数学三
高等数学	60	80	60
线性代数	20	20	20
概率论与数理统计	20	/	20

2. 考研数学试卷结构：数学一、数学二、数学三试卷结构相同（见表 8-16）

表 8-16 考研数学试卷结构

题型	分值
选择题	10 小题，每小题 5 分，共 50 分
填空题	6 小题，每小题 5 分，共 30 分
解答题	6 小题，1 小题 20 分，5 小题 10 分，共 70 分

（二）数学学科特点

1. 注重基础知识

考研数学主要考查的是学生对基本概念、定理的掌握程度，以及运用这些知识解决实际问题的能力。因此，学生在备考时需要对数学基础知识有深入的理解和熟练掌握。

2. 强调计算能力

考研数学对学生的计算能力要求很高，需要学生具备扎实的计算功底。学生能够运用所学的数学知识进行复杂计算，并且能够处理各种实际应用中的数值计算问题。

3. 知识点多且复杂

考研数学的知识点非常多，而且复杂，需要学生具有较强的逻辑思维能力和系统性思维能力。同时，学生需要对各个知识点之间的联系和区别有清晰的认识，从而更好地理解和掌握数学知识。

4.考试时间紧张

考研数学的考试时间一般为 3 个小时，题目数量通常较多，这就要求学生在备考时要注重提高自己的解题速度和准确率，同时要学会合理规划时间。

（三）数学全年复习规划

考研数学复习具有基础性和长期性的特点。数学知识的学习也是一个长期积累的过程，必须要遵循由浅入深的原则，先打牢知识基础，构建起知识体系，然后再去追求技巧以及方法，正所谓"九层之台，起于累土"。所以，考研数学的复习规划主要分为五个阶段：导学阶段、基础阶段、强化阶段、刷题阶段和冲刺阶段。

导学和基础阶段注重对基本知识点的系统梳理和理解，为后续的学习提供坚实的基础；强化阶段则通过深入学习和练习，加深对核心知识点的理解和提高应用能力；刷题阶段注重通过大量的习题训练，巩固掌握的知识点，并熟悉考试中的题型和解题思路；最后的冲刺阶段则进行全面复习，攻克难点问题，并进行模拟考试和真题训练，总结考试经验和提升应试能力。将考研数学复习划分为五个阶段有助于考生有序、系统地进行复习，能够帮助考生提高数学水平和应对考试的能力。

在考研中，数学的总分是 150 分，考生如果想要稳稳上岸，不让数学成绩拖总分的后腿，则数学至少要考到 120 分。所以，我们以考研数学 120 分为目标，为大家呈现最为全面的考研数学备考方案。

考研数学题目的难度分布大抵可以分为三类：基础，强化和拔尖。

基础题：基础题在每套试卷中占据了相当大的比例，通常约为 100 分。这类题目主要侧重于对基础知识和常规解题思路的考查。因此，只要能够准确把握这些基础知识，并且保证计算的准确性，就能够在这部分题目中获得理想的分数。如果想要考到 120 分，对于这部分题目，则需要做到不失分。

强化题：这类题目通常会更加综合，它们不仅涉及多个章节的知识点，而且计算量也相对较大。总分值通常占据 30 分左右。对于那些已经进行了大量训练的同学来说，这类题目通常不会太难。他们可以通过这些题目，将分数从 100 分提高到 120 分甚至更高。

拔尖题：每年都会出现一些非常新颖和综合的题目，这些题目往往超出了大家平时积累的解题思路的范围。这类题目通常占据 20 分左右的分值。对于这类题目，建议大家选择性地进行放弃。因为解决这类题目需要大量的时间和精力去思考和尝试不同的解题方法。建议将这类题目留到最后去做，以免影响其他题目的解答。

考研数学 120 分，意味着你只有 30 分的失误空间。首先，小题不能错太多，最好控制在 3 道以内。这需要你对基本概念、考点细节有精准把握。其次，在简答题上，除了有区分度、可能丢分的难题，其他题目作答的时候必须保证思路正确，只能在个别步骤上失分。因此，要获得高分，需要对知识点有深入的理解和精准的掌握。以下是要点：

基础要扎实：考研数学要求考生具有扎实的基础知识，包括对基本概念、定理和公式的理解掌握。因此，在备考过程中，要注重对基础知识的复习和巩固，确保对基本概念、定理和公式的深入理解。

解题能力要强：考研数学中的题目难度和灵活性都较高，只有具备较强的解题能力，才能快速准确地解答题目。因此，在备考过程中，要注重解题能力的训练，掌握各类题型的解题思路和方法，提高解题速度和准确率。

计算能力要过硬：对于考研数学，计算能力是非常重要的，很多题目都需要考生进行大量的计算。因此，在备考过程中，要注重计算能力的培养，提高计算速度和准确率。

掌握答题技巧：考研数学中，答题技巧也是非常重要的，很多题目都需要考生进行适当的分析、归纳和推理。因此，在备考过程中，要注重答题技巧的训练，掌握各类题型的解题方法和技巧，提高答题速度和准确率。

心态要好：对于考研数学的备考，心态也是非常重要的，很多考生因为紧张、焦虑等原因影响发挥。因此，在备考过程中要注意调整心态，保持积极、乐观、自信的心态，相信自己能够取得好成绩。

总之，考生要想取得数学 120 分的好成绩，需要注重基础知识的掌握、解题能力的训练、计算能力的培养、答题技巧的训练以及心态的调整。只有全面掌握数学知识、解题方法和应试技巧，才能更好地应对数学这门学科的挑战并取得好成绩。为了达成 120 分 + 的总目标，各个阶段备考规划如下：

1. 导学阶段（1—2 月）

（1）学习目标

熟悉全年复习规划，掌握考研数学的入门基本常识，了解数学考试的基本概况以及重要性，并建立对考研数学的初步印象。

导学阶段主要的任务是初步学习高数的函数概念、运算、性质，极限的概念、基本运算方法等内容，训练高等数学的思维方式，初建高等数学的思维体系。在高考数学与考研数学间搭建起桥梁，为下一阶段高数全面深入地学习打下基础。

（2）复习规划

学习橙啦考研数学的导学课程，了解考研数学考情，长线规划考研数学复习方案，明确复习节奏，掌握高数中的预备内容，找到学习数学的方法，同时必须认真完成每次课后作业，并使用课堂上讲解的知识与方法去做练习。本阶段练习题目主要来自《高等数学基础篇》和《高等数学（同济七版）》，题目训练量在 200 道左右。

（3）课程安排（见表 8-17）

表 8-17 考研数学导学阶段课程安排

学习内容	内容说明
考研数学备考方案	了解考研数学考试内容，长线规划考研数学备考方案，明确长线复习节奏
必备中学基础切片	数学零基础必备，突击最基础的函数、代数式、方程、不等式、排列组合，培养数学素养
高数大学同步课程	高等数学大学同步课程精讲，适合零基础学员从零开始的学习
零基础框架详解	具备一定大学数学的基础上再启动考研数学的学习内容。本课程为整体复习框架梳理

2. 基础阶段（3—6月）

（1）学习目标

认真完成基础阶段36次课的学习，地毯式扫荡基础知识点和基础题型，扎实掌握基本概念、基本技能和基本方法。以"基础知识如数家珍，基本计算熟练准确"为目标，搭建考研数学的知识体系，着力加强计算能力的训练，务必做得快并且做得准。务必每堂课的内容彻底消化理解并保质保量完成相应练习后再向前推进，切忌急于求成，为赶进度而赶进度。

基础阶段的学习顺序依次为高等数学、线性代数、概率论与数理统计。高数一元部分学完即可开始线性代数的学习，线性代数开始时间不能晚于4月，概率论开始时间不能晚于5月。本阶段学习切忌中断，务必保持连续性，基础阶段未完成者不可进入强化阶段的学习。

（2）复习规划

基础阶段主要的任务是集中精力把知识点认真梳理，要自始至终不留死角和空白，按大纲要求结合教材对应章节全面复习。另外按章节顺序完成教材及相应的配套练习题，通过练习检验是否真正把教材的内容掌握了。做题和听课同样重要，甚至做题的重要性可能超过听课。仅仅听课而不做题等于没听课。必须按照《基础阶段数学目前必做任务清单》的要求，认真完成每次课后作业，可以保底80分。

本阶段的练习题目主要来自《高等数学基础篇》《高等数学（同济七版）》和《数学真题分类解析》。在练习时，必须注重基础和计算能力，以练习基本计算为主，直到常规计算题能够条件反射，形成肌肉记忆。同时，《高等数学（同济七版）》是练习基本计算的绝佳材料，切不可等闲视之。《数学真题分类解析》中的题目，应先完成已布置的部分，不要在能力不足的情况下尝试难题。

（3）课程安排（见表 8-18）

表 8-18　考研数学基础阶段课程安排

学习内容	内容说明
高数基础精讲及习题精训	1. 分零基础和有基础两个版本，详细讲解定义、定理、公式推演法则等，系统搭建高数知识框架，帮助考生高效理解与吸收。 2. 高数经典习题带练，学会运用解题
线代基础精讲及习题精训	1. 详细讲解定义、定理、公式推演法则等方面，系统搭建线代知识框架，帮助考生高效理解与吸收。 2. 通过习题复习线代基础精讲内容，快速回顾基本概念，通过大量基础例题带练，学会运用解题
概论基础精讲及习题精训	1. 详细讲解定义、定理、公式推演法则等方面，系统搭建概率知识框架，帮助考生高效理解与吸收。 2. 二次复习概率基础精讲内容，快速回顾基本概念，通过大量基础例题带练学会运用解题
章节及阶段测试	1. 根据学习进度进行章节掌握情况检验。 2. 根据学习进度安排月度（阶段）测试，检验学习效果

3. 强化阶段（7—9 月）

（1）学习目标

在强化阶段的学习中，需要注重知识点之间的联系，构建完整的知识链路和网络，以应对综合性题目的挑战。在知识点牢固掌握的基础上，归纳题型，总结方法，做到各模块重难点题型有章可循。同时，高等数学、线性代数和概率论三科应齐头并进，在侧重学习的同时兼顾各科，避免顾此失彼。

（2）复习规划

本阶段至少要完成"橙啦考研数学最低限度必做任务清单"上规定的题目，可保底 100 分。原则上可以完成手头上各本橙啦数学资料上的全部题目，要加强有一定难度和较大计算量的综合题的训练，继续磨炼计算能力，并掌握一定的证明题解题方法，构建系统完备的题型网络。学会分章节、分模块归纳总结常考的重难点题型，总结相应的解题策略方法，并有意识地用在做题中。

本阶段练习题目出自《高等数学强化篇》《高等数学（同济七版）》和《数学真题分类解析》，其中《高等数学（同济七版）》上布置的题目要全部刷完，

《数学真题分类解析》整体刷完至少一遍。每次习题课要认真学习，领会解题思路和解题方法远比抄下解题过程更重要，要格外重视易错题的整理复盘。本阶段题目训练量在 1 200 道左右，课上会讲解 500 道左右，练习均有电子版详解，但希望不要依赖详解、拘泥于详解，要独立思考，尽信书不如无书。

（3）课程安排（见表 8-19）

表 8-19　考研数学强化阶段课程安排

学习内容	内容说明
高数强化精讲及习题精训	依据历年考试大纲及真题主要考点，归纳题型，掌握各题型核心技巧，强化重点知识及综合应用技巧，各大题型集中刷题带练，巩固理论知识理解，强化做题技巧应用，提高做题正确率
线代强化精讲及习题精训	
概率强化精讲及习题精训	依据考试大纲及真题主要考点，归纳题型及核心技巧，各大题型集中刷题带练，强化做题技巧应用
阶段测试	根据学习进度，安排月度（阶段）测试，检验学习效果、查漏补缺

4. 刷题阶段（10—11 月）

（1）学习目标

认真完成 18 次课程的学习，对全学科知识和题型进行完整回顾与梳理。各章节重难点再强化，通过专项训练，实现 100 分的题型与考点熟练掌握，100 分＋的题型与考点有的放矢。务必真题为王，将全部精力用在历年真题的演练上。全面查漏补缺，要格外重视各卷中特有零散知识点的考查，不留死角和盲点。不再回避缺陷，正面硬刚自己长期头疼又未尽全力对待的难点。

（2）复习规划

本阶段练习题目出自《数学真题分类解析》和历年真题套卷，务必以做历年真题为主，吃深吃透，做精做全（原则上历年真题套卷都要刷，至少要刷近 20 年真题），真题若不过关，切莫到处乱做。真题既要分类做（重难点再强化），也要成套刷（实战中检验真实水平）。要格外重视"上古"真题和非本卷种历年真题，这常成为命题人潜在命题素材。集中精力做一批自己的短板题、发怵题（概念题、证明题、应用题等），向自己的难点发起最后突围。本阶段题目训练量在 500 道左右，课上会讲解 200 道左右。

（3）课程安排（见表 8-20）

表 8-20　考研数学刷题阶段课程安排

学习内容	内容说明
专项突破课程	高数重难点专题课
真题解析课	近 3 年真题详解，强化重要的解题思想
真题分类解析课	历年真题分类解析，掌握各种考点的出题类型
重点知识及题型串讲	系统串联考研数学知识体系，针对核心考点进行深度练习

5. 冲刺阶段（12 月至考前）

（1）学习目标

重回基础，对全学科知识和题型进行最后一轮回顾与梳理，查漏补缺；重回基本计算，通过口常"虐菜式"演练，保持手感，增强熟练度和准确度。通过《刀哥终极模拟四套卷》的模考，缩小预测包围圈，体验身临其境感，借此制定几套考场战术预案。

（2）复习规划

本阶段不必再做新题，只需认真梳理过往经典题和易错题。每天都做一些基本计算，"虐菜式"练手，稳住熟练度和准确度，并增强信心。使用如排除法、特例法、图解法等必杀技简捷高效处理小题，达到事半功倍的效果。有意识地演练大题书写规范。最后，调整心态，积极备考，以良好的状态到考场。本阶段题目训练量在 100 道左右，课上老师会全部讲解。

（3）课程安排（见表 8-21）

表 8-21　考研数学冲刺阶段课程安排

学习内容	内容说明
全真模拟练习 8 套卷	训练 8 套模拟卷，配套直播解析，查漏补缺
终极四套卷	终极模拟四套卷，预测押题
考前点睛	考点快速回顾及最后叮嘱，保持良好的考场心态

第二节　专业课复习攻略

一、整体复习攻略

在考研准备过程中，专业课的复习无疑是最为重要的部分之一。这不仅是因为专业课在初试成绩中所占的比重较大，更是因为专业课考试的难度和深度常常是考生们面临的最大挑战。因此，志哥为大家提供了完整的专业课五阶复习攻略，无论是文科专业课还是理科专业课都适用。可以帮助同学们在专业课复习中备考更加高效，从而取得高分。

（一）导学阶段（1—2 月）

1. 选定专业课程

根据个人兴趣和报考意愿，收集相关院校信息，确定好院校专业，只有确定了院校专业才可以开始专业课复习规划。

2. 考试要求

通过仔细研读考试大纲，明确考试内容、考试形式、考试要求等信息。

3. 收集备考资料

收集考试的参考书目、教材、笔记、真题等资料。

4. 制订学习计划

根据自身情况，制订详细的学习计划，包括每天要完成的任务和学习时间安排。

（二）基础阶段（3—6 月）

1. 全面复习教材

根据知识框架，系统地复习教材内容，理解各个章节的内涵和联系。

2. 做基础题

做大量的基础题，巩固基础知识，培养解题技巧和思维能力。

3. 整理笔记

及时整理复习笔记，将知识点、难点、易错点等重点内容进行归纳总结。

4. 定期复习和检查

每隔一段时间，要对自己的复习成果进行反思和总结，及时发现自己的不足之处，并进行有针对性的复习。

（三）强化阶段（7—9 月）

1. 针对重点难点

重点攻克教材中的重点和难点，逐一进行深入理解和掌握。

2. 增加题量

增加做题量和难度，尝试做一些较难的模拟题和真题，提高解题速度和正确率。

3. 强化练习

适当参加专业课的辅导班或讲座，进行强化知识点的集中学习和练习。

4. 专项训练

根据自己的薄弱点和错题记录，有针对性地进行专项训练，提高自己的复习效果。

（四）刷题阶段（10—11 月）

1. 大量刷题

通过大量的练习，提高解题速度和正确率。可以选择一些高质量的习题集或在线题库进行训练，注意解题思路和时间的控制。

2. 错题总结

及时整理和总结做错的题目，分析错误原因，避免再次犯错。同时可以通过讨论、交流等方式与同学一起探讨问题解决方法。

3. 知识查漏补缺

在刷题过程中，不断发现自己的不足之处，及时进行弥补。针对薄弱环节，可以回顾教材、笔记或寻求老师和同学的帮助，加强知识点的学习和理解。

（五）冲刺阶段（12月至考试）

1. 模拟考试

进行模拟考试，全面查漏补缺。可以选择一些高质量的模拟试题进行训练，注意模拟考试的时间和状态控制，尽量在规定时间内完成。

2. 答题技巧和策略

在模拟考试后，要及时进行总结和反思，找出自己的不足之处，并有针对性地改进。同时可以学习和运用一些答题技巧和策略，提高考试成绩。

3. 身体状态调整

在冲刺阶段，需要注意身体状态调整，保持良好的作息习惯和适当的锻炼，避免过度紧张和焦虑。同时要保持饮食健康，避免因饮食问题影响考试状态。

4. 心态调整

在冲刺阶段，要保持积极的心态和信心。可以采取一些心态调整方法，如深呼吸、冥想、运动等，来缓解压力和焦虑情绪。同时要相信自己之前的努力不会白费，在考试中能够取得好成绩。

二、文科专业课备考攻略

（一）文科专业课复习整体思路

文科专业课的复习往往让人感到压力山大。虽然考试科目只有两门，但是，需要阅读的书目却多达七八本，甚至十本以上。而且，由于考研复习的时间通常只有几个月，一些考生又想追求全面覆盖，这让时间显得尤为紧张。要在这样的条件下掌握课程内容，就必须有一个高效的复习方法。

对于那些跨专业的文科考生来说，一开始接触文科的专业课课本，可能会感到十分迷茫，即使你花力气通读一遍，可能也无法在脑海中留下什么印象。这是因为对于跨专业的考生来说，他们对专业课的基础知识和专业名词感到陌生，无法将知识点相互联系起来。解决这个问题的方法就是带着问题思考，尝试将所学的知识与社会现实相结合。那么，文科的考生如何将记忆、理解知识点和形成自己的观点融入复习过程呢？一个有效的方法就是用结构化的思维方法，重构课本内容，使之由多变少。首先对教材进行泛读和精读，速度要适宜。同时，用自己的语言将书中的核心知识写出来，使之形成较清晰的逻辑关系并加入一些心得体会。用红笔标出容易混淆和出错的地方，然后整理成笔记。这个方法将大大提高你的复习效率，并成为你的终身记忆。

在复习文科专业课的时候，一定要记住：复习方法非常重要。好的复习方法能让你事半功倍，节省很多时间。

（二）文科专业课记忆方法

文科的专业课讲究理解，机械型的记忆是无法活学活用的，但理解的基础归根结底还是记忆。那么，如何记忆才能把专业课的知识点记牢呢？志哥给大家总结了以下几种方法：

1. 思维导图法

任何一门专业课都由主干和主干下面相应的知识点组成，当你初次接触一门以前并不怎么熟悉的学科时，先不要从细节方面去研读，可以从目录开始看，梳理整本书的结构。在看的过程中，通过做思维导图的方式梳理整本书章节内知识点的联系，以及章节与章节的联系。把整本书的结构梳理清楚，对后期背诵可以起到事半功倍的效果。

2. 自我授课法

在掌握一些知识点的时候，可以把自己当成老师，给自己讲一遍，不停地给自己提问。自问自答的过程，其实就是检验的过程，可以让你不断地强化记忆。尤其是一些细小的知识点容易遗漏，你以为自己记住了，当你自问自答的时候发现还是没记住。所以考研的时候不要自己骗自己，通过自我授课法可以检验自己是否真的掌握了这个知识点。

3. 重复复现法

记忆东西的本质是重复，在不同的地方用不同的方式，不断复现的效果更好。遗忘并不可怕，前一天背诵的知识点第二天忘了，这都属于正常现象，不要气馁，多重复几遍就行。另一个要点就是要在不同的地点、不同的时间段重复，很多你记住的知识点可能会有一些路径依赖，换一个环境就想不起了，所以一定要在不同的场景下重复，检验自己是否真正地掌握了这个知识点。

三、理工科专业课备考攻略

理工科的专业课具有强烈的理性思维色彩，同时注重逻辑推理。对于来自非理工科背景的考生来说，适应这一思维模式可能需要较大的转变。文科的试题往往主观性强，考生可以自由发挥的空间大，而理工科题目则更加注重客观性和准确性。另外，数学也是一大挑战，这也是为什么文科生在选择理工科考研时需要特别谨慎的原因。以下是针对理工科跨专业考研的一些建议：

首先，考生应快速建立起对该学科的认知框架。对于初学者来说，选择一本经典的入门教材进行阅读，可以帮助你快速把握该学科的整体结构和基本概念。理工科知识具有很强的继承性，后期的知识点往往建立在前面的基础概念之上。因此，理解并掌握每一个基础知识点十分关键。

在理工科专业课的复习中，"大小鱼理论"是一个非常实用的策略。将每个基础知识点比作小鱼，而将综合应用题视为大鱼。那么如何捉小鱼呢？这就需要通过大量的基础题目练习来加深对基本概念的理解。在理工科专业课中，考查的内容往往不会简单地复写课本上的内容，而是更加注重对知识的融会贯通和灵活应用。要达到这一点，考生需要通过不断的练习来熟悉和掌握相关知识点。此外，选择合适的教材和浏览历年真题也是复习的关键步骤。招生单位通常会在其研究生招生网站上公布相应的考试内容和题型。

对答案，实在忍不住也要等到所有科目考试结束再对。

（三）考前不焦虑不熬夜

在考试的前一晚，各位同学千万不要焦虑，更不要熬夜，有些同学可能有些考点没复习完，专业课没背，平时不怎么熬夜，考前开始熬夜赶进度，要么就是考试前一晚上焦虑得翻来覆去睡不着，这样都会影响第二天的状态。所以考试前几天一定要调整好心态，保持平常心，考试前一晚睡个好觉，保证充足睡眠，考场上三个小时可以精力充沛地答题。我不是在危言耸听，如果状态不好，三个小时的考试有些同学是会头晕的，所以良好的睡眠可以保证你发挥出来真正的实力。

三、答题策略

（一）字迹工整是首要

考研字迹的工整程度确实会带来 5 分左右的分差，尤其是文科类试卷，需要写大量的论述题目，阅卷老师看不清你写什么，找不到得分点，自然也就无法给出高分。老师大量的阅卷工作本来就很疲惫了，一份字迹工整的试卷可以让老师眼前一亮，给出所有试卷中的最高分，很多同学字不太好看，但是一定要工整。考试的时候拿到答题卡，花 30 秒安排一下答题卡的分布，然后再开始答题，不然容易紧张中出错，导致卷面太乱，丢一些没必要的分数。

（二）关键词才是得分点

大家了解考官是怎么批阅试卷给分的吗？老师拿到的答案都是十分简化的，他们就是根据关键词来给分。尤其是政治，老师快速过你的答案，迅速锁定关键词，有则得分。很多文科类型的专业课也是一样。

所以给大家的建议是在正式作答的时候，一定要把要点放到显著的位置，接下来才是对这个要点进行一些补充说明。不要写一些无关紧要的内容凑字数，然后才出现关键词，这样老师在阅卷的时候容易忽视它，从而不得分。

（三）结构化表述

所谓的结构化，就是考试的答题内容要有一定的逻辑和层次，不是想到什么说什么。一方面，结构化可以让你在答题的时候写得很顺畅；另一方面，老师在阅卷的时候容易找到中心思想，一目了然地知道你想写什么。通常我们说的结构化就是用"总—分"或"总—分—总"的方式来谋篇布局，然后要有一些小标题、转换词来承上启下，这样整篇文章就是有逻辑和结构的，阅卷老师也比较喜欢这种试卷，分数一般给得比较高。

（四）时间安排要合理

有些考生开始作答时，每一题都答得非常详细，结果导致最后时间不够用，字迹潦草，匆匆结尾。建议大家根据自己的写字速度、知识点的熟悉程度调整自己的答题策略和时间分配。尽量留出十分钟给自己卷面检查的时间，防止出现遗漏、笔误。

问：志哥，在考研初试的备考中，很多同学都觉得政治可以
速成，您怎么看？

　　关于政治速成，其实算是一个历史遗留的说法，我们那个年代考研，确实政治比较简单，考试内容偏死记硬背一些，很多考试的同学都是考前几个月开始复习政治，最后上岸了，然后就给学弟学妹们说政治不用着急，可以速成。很多人宣传的核心内容就两个，一个是带背带练，另外一个是押题，这是橙啦政治 SPA 解决方案都包含的内容。但是各位同学别忘了，那个时候的分数线也比较低，对考研政治的要求不高，但是从现在考试竞争激烈程度来看，如果想要上岸，考研政治绝不是过线那么简单。另外，现在的考研政治的复习内容比我们那个时候翻了一倍，新增了很多的内容，速成的难度也在加大，速成可能会导致对知识点的理解不够深入，掌握不牢固，结果自然也就是拿个刚过线的分数，还是影响了总分。所以在我看来，考研政治已经不是十几年前的样子了，考试内容增多，考题难度加大，紧跟时事，速成是不可取的。如果想要一个理想的分数，还是要制订科学合理的学习计划，全面系统地备考。

扫描上方二维码
获取 SPA 直播规划课

第九章

考研复试备考攻略

决心和毅力是战胜一切困难的利器，
无论遇到多少困难都要坚持到底。

扫描二维码
获取本章视频课程

第一节　复试基本常识

研究生考试分为初试和复试两个阶段，只有顺利通过初试和复试的选拔，才能被录取为准研究生。

教育部明文规定，考研总成绩等于初试成绩和复试成绩加权计算的综合，一般是初试占比 70%，复试占比 30%。这些年，随着考研竞争越发激烈，各大院校对复试也越来越重视，有些院校甚至调整为初试和复试各占 50%，比如清华大学、复旦大学、山东大学、重庆大学、中山大学、武汉大学等。这种情况下，要求考生认真对待复试，因为即使初试的分数很高，如果复试发挥不好，很容易被初试分低的同学逆风翻盘。同理，这种情况对初试分数不高的同学是一个机会，每年都有大量初试分数不高的同学在复试中表现很好，逆袭上岸。在准备复试之前，志哥带大家了解一些复试的基本常识。

一、考研复试的时间

考研复试的时间一般为 3 月中旬国家线公布后的 1~2 周，各个学校不同，要及时关注院校官网对于复试名单的公示，以及复试安排的通知，大部分院校会在 3 月底之前结束复试，所以各位同学不要等到国家线出来后准备复试，一定要在 2 月出分后对比往年的分数线，如果觉得有希望，就可以着手准备复试了。

二、考研复试的条件

要想参加复试，必须单科和总分都达到国家线以及目标院校专业的分数线。达到国家线是最低要求，不仅是总分过线，还要求单科过线。很多学校会在国家线的基础上，根据各专业的上线情况，按照 1 : 1.2 或 1 : 1.5 的比例再划一条院校线，对于大部分竞争不激烈的学校来说，国家线基本上就是院校线了，但是对于一些好学校，竞争比较激烈，有大量的优质生源超过了国家线，所以院校线是远高于国家线的。一些文科专业，比如教育学、文学、法学等，好学校的院校线要比国家线高 20~30 分，上线难度可以说是非常大。

三、考研复试准备的材料

大部分学校要求学生准备的材料都差不多，个别专业可能有特殊要求，一般要求所有考生提供以下材料：

1. 有效居民身份证（一般验原件留复印件，务必确保身份证在有效期内）。

2. 本科毕业证书或学生证或自考准考证或专科毕业证书或本科结业证书（同等学力考生）。

3. 当年全国硕士研究生招生考试准考证。

4. 本科学历学位证书（往届）或学籍学历证明（应届）。

5. 学习成绩单（校级教学管理部门或档案管理部门加盖公章）。

6. 诚信复试承诺书。

7. 电子免冠证件照。

8. 其他证明材料（本科毕业论文、毕业设计或作品集、科研创新成果、外语等级证书、各类获奖证书、实践证明等）。

四、考研复试的地点

通常来讲考研复试是要到目标院校参加的，有一些特殊情况或个别专业是允许线上参加复试，要看具体院校的安排，学校研究生院会提前发放考研复试通知，在通知里面会有详细的复试安排，要及时关注学校网站及各高校信息。

五、考研复试的内容

各学校专业具体的复试内容不尽相同，但总体复试的考试内容都基本一致，分为综合素质能力测试、外语能力测试、专业理论知识测试三部分。

综合素质能力测试：多以面试形式考查，考查考生的思想政治素质，一般会先由考生进行几分钟的个人陈述，介绍其学业背景、科研活动或经历、个人兴趣、未来研究计划等内容。之后，考官会对考生进行综合提问，涉及学习背景、教育经历及专业理论知识，考查考生的学术视野和专业态度。

外语能力测试：多以面试问答方式考察。由考官提问，学生听题后进行阐述，涉及个人学习经历、学习兴趣、研究生学习计划等内容。

专业理论知识测试：有笔试及面试的形式，或只进行面试，部分专业会有上机考试、实操考查等方式。专业课是复试成绩占比最大的部分，对考生的专业能力作进一步的考查，检验考生的专业素养及研究能力。

六、考研复试面试的形式

1. 多对一面试

多对一面试是最常见的复试形式，通常是由 3~5 个专业课老师组成的面试小组，对考生进行逐个面试，每个同学的面试时间在 30 分钟左右，通常包含外语、专业能力、综合能力、心理素质考查等内容。

2. 小组讨论式面试

小组讨论式的面试一般适用于复试人数较多的专业，通常老师会把考生分为 6~8 人一组，然后给出一个专业问题，让考生进行无领导式讨论并得出结论，从讨论过程中考查考生认识和分析问题的能力。

3. 远程复试面试

远程复试面试又称为线上面试，通常是通过双机位进行复试，一个正面的机位进行面试，另一个机位在你的侧后方，可以看到你的全身，防止作弊。目前大部分院校还是采用线下复试，只有特殊情况或个别专业才是远程复试。

第二节　复试专业能力备考攻略

一、复试专业能力的重要性

通常复试专业能力的考查分笔试和面试两种，无论是写试卷还是口述，都要求你掌握一定的专业知识，尤其是笔试，专业能力会体现为笔试分数，比较客观，另外有些专业还会考查上机实操和实验操作，这些都是对专业能力的考查，复试专业能力一般占复试成绩的 50%~60%，可以说，专业能力分数，决定了你的复试成绩。

二、复试专业能力都考什么

一般的专业复试会给考查科目方向，有些院校会给参考书目，但没有考试大纲。另外，有些院校不会公布复试参考书目，所以难度就更大了。如果有参考书目，一般不同于初试，可能是 1~2 本新书，复习时间为一个月左右，时间比较紧张。没有提供参考书目也不要紧，可以在报考院校论坛、贴吧、QQ 群等平台上收集复试考试相关内容，或者向已经在读的师兄师姐咨询往年复试情况，确定专业课的考查范围。如果有复试真题就更好了，可以提前了解考试题型、考试内容，对专业课的备考可以说是事半功倍，甚至还可以遇到原题。复试专业能力的考查很灵活，有时候会考查一些超纲内容或者当下时事热点，所以，备考过程中都要涉猎。

三、复试中专业能力的考查怎么准备

1. 要求的参考书目

如果有参考书目，那么就要通读，并背诵重点知识。笔试的考点，参考书目就可以基本覆盖，所以可以找一找之前考试同学的笔记，这样可以节省做笔记的时间，直接背诵重点即可。

2. 利用初试相关资料

很多院校虽然没有给出参考书目，但是复试的专业能力考查的内容，其实是初试的参考书目，所以在备考复试的时候不要忘了复习初试内容。面试的时候，老师可能会随机提问初试内容，所以，专业课内容主要靠自身专业素养。

3. 阅读报考专业领域专业著作

考研复试中的一些超纲题，通常是你知道××专业名词吗？或者你对××专业内容了解多少？这个时候老师是想了解你的知识储备量，对本专业知识的积累和专业兴趣。所以建议各位同学如果学有余力，时间充裕，可以找一些专业领域的经典书籍，通过阅读，形成自己的理解，最好能做到可以给别人介绍这本书的主要内容、作者生平，以及你对这本书的看法和观点。但不要为了复试而复试，应该为提前进入研究生阶段学习而广泛涉猎。

4. 阅读导师的研究成果

复试中，面试你的人其实就是你学院的老师，甚至就是你的导师，所以，如果你表现出对某个导师的研究方向和领域感兴趣，老师有时候会追问一下，这个时候如果你能说出来你看过导师的文章，并且能说出大概的内容，总结出一些自己的理解，这是非常加分的。

5. 关注本专业热点事件

考研复试很喜欢考查一些热点问题，比如社会上正在发生的，或者知名期刊上讨论的。这些问题是老师们都很关注的内容。所以复试的时候，老师们很喜欢提问相关热点，来考查学生的知识面和对专业的了解程度。每个专业都会有自己领域的核心期刊，可以看看上面最新的论文；也可以浏览网络，搜索当下在专业领域讨论最多的问题或最前沿的问题。

6. 复试真题

考研复试的真题，一般比较难收集，通常都是学长学姐考过之后回忆起来的，如果是笔试真题，基本上都不完整，面试的真题可以通过学长学姐或机构收集。如果可以收集到，最好能有近三年的，研究一下出题的共性，可以总结出题规律。对于历年真题，也要熟练掌握。考研复试由于题库的题目有限，很多时候会问到历年考过的题目，所以真题非常重要，有时候可以直接命中原题。

第三节　复试外语能力备考攻略

一、复试外语的考试内容

考研复试外语一般考查的是考生的英语听力和口语，考试内容为日常性问题和专业性问题。日常性问题一般比较简单，包含自我介绍，比如介绍你的兴趣爱好、介绍一本喜欢的书、介绍一下你的家乡或介绍一下你的偶像等；专业性问题大多数院校不会用英语考查，一方面是因为考查难度大，另一方面是专业能力已经考查过了，不需要用英语再考查一遍。

二、复试外语的考查形式

复试外语一般是考官老师口语提问、考生口语作答的形式，有些院校可能会选择播放录音带，或者采用英语抽题的形式，甚至会有英语笔试，所以具体考查采用哪种形式一定要弄清楚报考学校的要求。要及时关注报考学校官网的复试通知、出台的考试复试细则，里面有复试的各项安排，包括对英语复试的考试形式的安排，从而有针对性地去备考。

三、复试外语如何备考

（一）准备模板

对于日常性的问题，一定要提前根据自己的实际情况来准备英文模板，提前背诵。大多数同学的英语由于没有环境，所以是哑巴英语，读写都不错，一到听说就难了，想要短时间内提高口语能力，就需要通过背诵模板了。

考研复试英语的日常性问题可以提前准备模板，考前熟练背诵，考场上能够流利表达出来，发音标准、表情自然已经很加分了。很多同学，即使提前背诵，在复试的时候由于紧张，说的时候还是磕磕绊绊，所以一定要提前背诵模板，保证可以流利地说出来。

（二）选取恰当的听力练习材料

复试英语听力是很多同学头疼的点，考研复试英语听力的难度因学校而异，越好的学校难度越高，一般除英语专业外，各院校专业的难度基本与四六级听力水平持平。所以在练习听力的时候，可以使用四六级的听力音频，或者从网络上找一些比较口语化的听力材料，切记不要找语速很快或者内容很专业的材料来练习听力。短时间内英语听力很难提升到一定的水平，只需要把日常使用的口语化的英语单词听懂，考试的时候可以听关键词判断题目。

（三）模拟练习

英语的听说练习一定要进行模拟练习，而且是模拟考试，如果有必要，可以请一些老师进行模拟。英语不同于母语，很多同学备考都是靠死记硬背的模板或标准答案，考试的时候，面对考官，一方面是紧张，另一方面是不自信，很容易大脑一片空白，或者背得磕磕巴巴，所以一定要提前进行实战模拟，只有通过多次实战模拟，到了真实的考场上才能不紧张，从而发挥出自己真正的水平。

（四）常见的英语口语问题

1. 你为什么选择我们学校？

Why do you choose our university？

2. 大学时期你学到了什么？

What did you learn in college？

3. 你喜欢的一本书／一部电影？

A book/movie you like/interest？

4. 介绍一下你的性格特点？

What are your personality traits？

5. 你的优点是什么？

What are your strengths？

6. 你的缺点是什么？

What are your weaknesses？

7. 你的兴趣 / 爱好？

What are your hobbies /interests ?

8. 遇到压力时，你一般怎么处理？

How do you usually handle stress ?

9. 如果你没有被录取，你会怎么做？

What would you do if you were not accepted ?

10. 你为什么跨专业？

Why did you change your major ?

11. 你为什么考研？ / 你考研的原因是什么？

Why did you take the postgraduate entrance exam ?

12. 谈一谈你本科期间印象最深的一次活动。

Tell me about the most impressive activity during your
undergraduate years.

13. 介绍一下你的本科生活。

Tell me about your undergraduate life.

14. 介绍一下你的家乡。

Introduce your hometown.

15. 你读研期间的规划？ / 你读研期间的目标。

What is your plan for postgraduate study ? /What are your goals
for graduate school.

16. 你是否有读博的打算？

Do you have any plans for a PhD ?

17. 你认为本科教育与研究生教育有什么区别？

What do you think is the difference between undergraduate
education and graduate education ?

18. 谈一谈你本科期间最喜欢的一门学科。

Tell me about your favorite subject during your undergraduate years.

19. 你认为英语在未来的研究学习中重要吗？为什么？

   Do you think English is important in your future research and study？ Why？

20. 介绍一下你的家庭。

   Tell me about your family.

第四节　复试面试备考攻略

一、考研复试面试都考查哪些内容

考研复试面试通常考查的内容为专业能力、抗压能力、心理素质、思想政治素质以及未来规划等，专业能力就是专业相关问题的提问，其他问题会针对你的本科经历、学习情况、四六级、科研经历、生活日常、家庭背景、未来规划等提问，比如会请你简单介绍一下你的毕业设计有什么创新之处，会问你对本科课程印象最深的是哪一门。这些题目看上去比较简单，但是回答非常重要，一定要提前准备，实事求是，切忌假大空。

二、考研复试面试该如何准备

考研复试的面试准备和英语差不多，最重要的就是提前准备相关问题的模板，这个问题要尽可能地多，针对可能问到的问题要进行穷举，提前准备答案，准备得越充分，在考场上发挥得越自如。另外就是一定要进行模拟练习，模拟回答，很多同学很少有在公共场所演讲的机会，所以很容易在考试的时候紧张忘词，这种事情是经常发生的，练习的时候可以让父母或朋友当考官对你进行模拟提问，你可以简单回答思路，后期再模拟的时候一定要尝试完整的回答。

有些同学的语言组织能力比较差，答案光准备逻辑思路是不够的，考场上回答很容易结巴，最好可以准备逐字稿，尤其是自我介绍的内容，通常都是需要逐字稿的。多练习，多模拟，面试只要表现得不是特别紧张，分数差距都不大。

三、考研复试面试的小细节

1. 基本的礼仪礼貌

进门前：轻轻敲门，听到老师说"请进"之后，从容进入然后顺手把门带上。

进门后：保持微笑走到老师们面前礼貌鞠躬问好，等老师说"请坐"后，谢谢老师后落座椅子三分之一处，坐姿挺拔效果更好。

面试后离开：起身礼貌鞠躬，谢谢老师后，从容走出。记得带上门，如需递交材料（简历）双手递送给老师。

2. 准备几份充实的简历，面试老师人手一份

很多学校是不要求学生准备简历以及其他证明材料的，如果你的校园经历、实践经历和科研经历比较丰富，不妨制作一份精美的简历，这样可以让你赢在起跑线上。当然，简历上的内容不要胡编乱造，否则很容易在老师的提问下被识破，这样就是减分行为了。记住，有几个面试老师，简历就准备几份，面试前给每个老师一份。

3. 刻意控制口头语

很多同学说话有口头语，喜欢说"然后……然后，嗯……嗯……"，一段话下来能说十几个然后，十几个嗯。复试的时候要刻意控制自己的口头语表达，不然会让你的表达显得冗杂，老师听多了也会烦，影响印象分。

4. 全程自信声音洪亮

面试时一般离老师有一些距离，声音要足够大，展示你的气场，不卑不亢的自信态度会调动老师对你整体表现的注意力，反而不会去太在意你的回答内容。

5. 全程保持微笑

面试过程中不要紧张得板着脸，否则老师更能看出来你的紧张了。要保持

微笑自信大方，让老师们认可你的心理素质。如果确实紧张，不妨直接对老师说出来，不要控制。

6. 面试着装干净整洁

考研面试是对一个人整体的考查，不仅对科研能力有要求，对个人的基本素质也是有一定的要求的，所以各位同学要注意面试着装的问题，面试时不需要穿西服打领带或晚礼服盛装出席，也不要太随便，穿拖鞋背心短裤就进入考场，奇装异服就更不要尝试了，我们只需要穿日常服装，保证干净整洁即可。

7. 语速宜慢不宜快

面试时因为紧张大家的语速会比平时快，那平时语速就很快的同学要注意控制语速了，说话速度快脑子跟不上容易出现卡顿，老师们听着也很累，所以可以刻意练习降低语速。

8. 手势、小动作宜少不宜多

回答问题的时候，可以根据回答的内容加适当的手势辅助语言表达增强生动性，但是不要过多使用动作喧宾夺主，也要避免小动作，如撩头发、扣手、抖腿等。如果确实紧张，可以扣手、撩头，但绝不能抖腿。

9. 遇到不会的问题高情商回应

老师提问到你不会的问题，不要说不会就不回答了，要主动承认不会但也要尽量补救。你可以这样表达："不好意思老师，这个问题我不太了解，但我想根据我的理解表达一下看法……以上就是我对这个问题的认识，我深知自己存在知识欠缺，今后我会加强学习，及时弥补不足。"

10. 回答问题逻辑化

开头结尾礼貌语"感谢老师提问""我的回答完毕，谢谢老师"，中间内容上不管是日常问题还是专业问题，在老师提问时，就要在头脑里构建回答框架，可以按照首先、其次、再次、最后的逻辑顺序，也可以根据内容分层次，比如在学业上、在生活中、在理论上、在实践上，有逻辑、有结构，老师才更容易听懂你的回答。

四、考研复试面试常见问题

1. 简单介绍一下你的毕业设计，有什么创新之处？

2. 我看你简历，参加了挺多比赛项目，能介绍一下吗？

3. 对本科课程印象最深的是哪一门？

4. 评价一下你的大学生活？

5. 为什么要考研？

6. 考研让你收获了什么？

7. 你经历过什么挫折，如何克服的？

8. 为什么报考我们学校？

9. 对研究生阶段有什么规划？

10. 你有读博的想法吗？

11. 对未来职业有什么规划？

12. 英语四级通过了吗？（针对四级没过的）

13. 你的绩点也不高，有挂科是怎么回事？（针对本科成绩不好的）

14. 为什么要跨考我们专业？（针对跨专业考生）

15. 为什么要"二战"？你上次考研报考的什么学校？为什么换学校了？
（针对"二战"）

第五节　考研调剂备考攻略

一、考研调剂的基本常识

关于考研调剂的基本常识已经在第四章——考研备考流程中给各位同学详细讲过了，想了解什么是考研调剂、调剂的条件、考研调剂的流程以及注意事项的问题，大家可以回到第四章了解相关内容，这里就不再重复叙述了。本节内容主要给大家讲一下调剂的备考攻略，教会大家如何调剂以及如何收集调剂信息。

二、考研调剂的关键时间点

总体来说，考研调剂可以分为国家线出来前和国家线出来之后。以国家线出来的时间为分割线，考研调剂还可以分为几个阶段，大家最好在规定阶段内，完成相应的动作。

第一个阶段：初试成绩出来前

如果你觉得自己的考试成绩不太理想，预估分数可以过国家线，但是无法过院校线，那就可以开始收集去年的调剂信息并进行梳理，将去年接收过你这个专业调剂的学校都记录下来，完成最重要的信息收集工作。但是这个阶段，对学习也不要放松，因为国家线出来之后，会很快复试，所以备考的重点还是准备复试的考试。

第二个阶段：初试成绩出来后，国家线出来前

成绩出来后，结合历年的录取分数线，可以预估自己进入复试的可能性，如果进复试的希望大，就可以全力准备复试了，如果感觉进复试的希望不大，那么看自己是否可以过国家线。如果可以过国家线，那就要看是过 A 线还是 B 线，然后挑选对应的调剂院校作为备选项。

第三个阶段：国家线和院校线公布后

国家线和院校线公布后，就可以正式确定自己是否需要调剂了。如果需要调剂，就可以提前给目标院校的研招办打电话，询问是否有调剂名额，如果有心仪的导师，也可以发邮件毛遂自荐，提高调剂的成功率。在这个时间段你要准备自己的调剂申请材料，比如个人简历、个人陈述、作品、论文等。

第四个阶段：调剂公告发布

在一志愿复试结束后，各个学校会陆续发布调剂公告，需要注意的是，每

个学校发布调剂公告的时间不一样，所以发布调剂信息的这个阶段是至关重要的，一定要密切关注各个学校的调剂信息。在这个时间段，调剂信息获取得越充分，越有可能调剂成功。关于如何获取调剂信息，会在第三小节给大家讲。

在联系院校和导师的时候，一定要注意用词、礼貌和分寸，如果有导师对你很感兴趣，那你参加相关院校复试基本就没问题了。

第五个阶段：调剂系统开放后

调剂系统开放后，前 48 小时是"黄金填报时间"，因为教育部规定学校调剂系统的开放时间最少为 12 小时，所以很多好学校的调剂系统等 12 小时或者 48 小时后就会关闭，所以一定要把握好前面的时间。而且需要注意的是，调剂志愿可以同时填写 3 个，不要一次性都填，因为有些院校的调剂信息是在调剂系统开放后才公开，所以可以给其他学校留一个志愿，另外报了志愿后会有锁定时间，锁定后不能更改志愿，有的会锁定 12 小时，有的会锁定 24 小时，如果一下子填了三个志愿，都是锁定 36 小时的，这个时候是非常被动的，所以一般都会先留一个学校名额。如果真的遇到了锁定 36 小时的院校，你又想换专业，就需要给目标院校打电话，请求他们帮忙解锁志愿，然后你才可以更改志愿。

第六个阶段：调剂复试后

填好志愿后，如果有学校愿意接收你复试，就会给你发复试通知，如果你复试通过了，记得还需要接收待录取通知，这个时候你可能通过了多个学校的复试，但是记住你只可以接收一所院校的待录取通知，一旦接收，就无法更改成其他院校了。如果不接收待录取通知，也会被视为放弃录取，所以确认目标院校后记得点击确认待录取通知。

三、考研调剂信息收集方式

众所周知，考研调剂本质是场信息战，你比别人掌握更多的调剂信息，就会有更多的录取机会。收集调剂信息的时候，你需要关注以下这些重点信息：往届调剂的专业和名额、调剂考生的分数和本科学校、具体的调剂规定、复试的时间、复试的规则以及复试的科目。下面给大家介绍一下调剂信息的渠道都有哪些。

（一）目标院校的研究生院招生官网

获取考研调剂信息，首要关注目标院校的研究生院招生官网。每年各个院校的调剂信息一般会在研究生院网站进行汇总公布，这里也可以查到往年接收调剂的具体情况。

查询方式：网上浏览器搜索【××大学研究生院招生网】—找到【调剂信息板块】

（二）调剂院校的对应学院官网

考研复试是由目标院校的各个学院来组织的，所以一般考研调剂信息也会在各个学院的官网公布，学院官网可能会发布更详细的调剂信息，包括往届调剂的总体数据、调剂安排、导师的联系方式以及招生办的电话等。

查询方式：网上浏览器搜索【××大学××学院】

（三）中国研究生招生信息网调剂板块

研究生招生信息网每年都会有调剂板块，会公布很多院校的调剂信息，另外在调剂系统开放后，查询调剂院校的专业缺额情况、调剂填报志愿、接收复试通知及待录取通知等都需要在官方调剂系统上进行，所以一定要记住研究生招生考试的官方网站。

（四）给学校招生办打电话

如果发现你想调剂的院校没有发布调剂公告，你可以选择主动出击，直接打目标院校或学院招生办的咨询电话，注意态度和询问的方式，如果有调剂名额的话，对方是愿意告诉你的，毕竟招生办也要为优质生源着想。

（五）考研调剂小程序

每年考研信息的收集都是考生最头疼的问题，一方面是没有头绪，不知道去哪里找；另一方面是信息量大。调剂信息是及时更新的，对于考生来说，收集难度太大，所以橙啦根据考生的复试调剂需求研发了一个考研复试调剂的小程序，在小程序内，考生可以更及时、更高效地搜索到新的复试调剂信息。

1. 最新调剂信息

同学使用复试调剂小程序，可以查看历年海量调剂信息（见图9-1），每年考研最新的院校调剂信息都会实时更新。

图9-1　海量院校调剂信息展示

2. 筛选目标院校

同学可以在小程序里输入目标院校一键查询，或选择"更多筛选"，可以精准锁定目标院校（见图9-2），实时关注调剂动态。

图 9-2　筛选目标院校调剂信息

3. 专业分析报告

同学在填写考研的第一志愿信息后（见图 9-3），将会得到一志愿院校专业的分析报告。可以查看一志愿院校的往年拟录取数据，包括一志愿录取最低分、目标分、最高分，以及往年的复试线。通过分数对比，从而进一步判断调剂工作准备的必要性和上岸的可能性。结合一志愿往年录取数据，综合判断一志愿录取的可能性，智能推荐调剂去向参考。

图 9-3　复试调剂一志愿信息

4. 院校调剂详情

同学在使用小程序时可以在一志愿分析中选择查看调剂去向（见图9-4），进入"调剂视界"查看调剂去向院校详情，最大范围搜索调剂目标院校。点击该院校，即可查看该院校的调剂详情，综合判断上岸的可能性。了解同一志愿的往届学长学姐调剂上岸的去向，结合往届复试录取信息，为今年的调剂方向做备选参考。全盘考虑，上岸更稳妥！

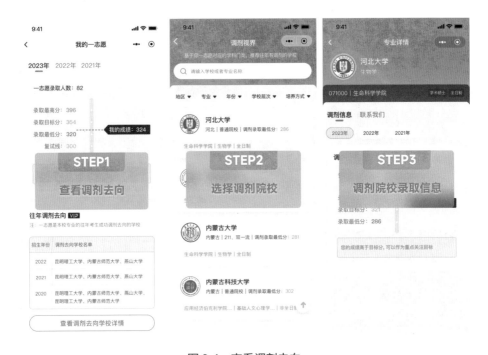

图 9-4　查看调剂去向

5. 同分调剂信息

除了在"调剂视界"中查看相同志愿往届学长学姐的调剂去向，还可以使用"同分调剂"的功能（见图9-5）。

通过进一步筛选分析，提供调剂建议（稳妥目标＋冲刺目标），优先推荐一级学科相同、分数相近的考生信息，调剂通过的可能性会更大。

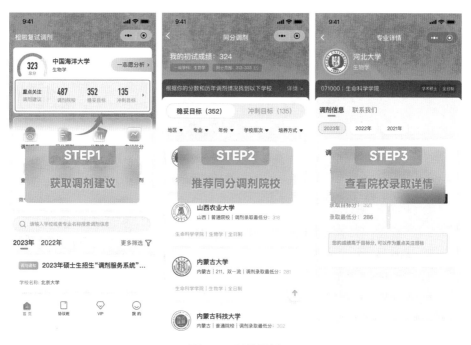

图 9-5 同分调剂

问：志哥，在考研复试备考中，很多同学都困惑要不要提前联系导师，您怎么看？

　　关于要不要联系导师的问题，因人而异。如果初试成绩特别好，有条件的同学一定要提前确定导师并和导师取得联系（注意：我说的不是初试阶段，而是复试准备阶段）。提前联系导师可以让你在复试结束录取前，直接跳过导师双选的环节，进入心仪导师的课题组；如果拟录取之后再联系，很可能导师的名额已经被其他同学占满了。另外，各位同学一定要注意，提前联系好导师，获得了导师的认可，也不代表就搞定了复试，导师是不会影响你的复试成绩或者保你通过复试的。关于复试的专业课笔试、英语考试以及面试，都要通过考试，且合格录取之后才能进入心仪导师的课题组，所以复试还是要认真准备。可以参考橙啦 SPA 的复试备考方案，整套方案包含了复试英语听力与口语、综合素质、复试专业课复习方法指导。橙啦会帮助每位同学进行简历和自我介绍的优化，突出个性化优势，在导师面前展现出更好的自己。头疼的专业课，橙啦会通过目标院校学长学姐，一对一讲解院校复试特点及专业课复试重难点，系统梳理专业课复习内容，帮你高效搞定专业课。为消除面试紧张，橙啦也会通过模拟复试面试现场，进行实战演练，带同学体验真实考场感觉，帮同学克服压力和恐惧，发挥出真实水平。

扫描上方二维码进入
"复试调剂"小程序

第十章

热门专业备考攻略

成功源于坚持不懈的努力，而非一时的天赋和运气。

志哥加油站

第一节　管理类硕士备考攻略

一、考试说明

管理类专业硕士包含七个专业学位，分别是 MBA（工商管理硕士）、MPA（公共管理硕士）、MEM（工程管理硕士）、MPAcc（会计硕士）、Maud（审计硕士）、MLIS（图书情报硕士）和旅游管理硕士 (MTA)。各专业的入学考试统一采用管理类联考，考试试卷相同，但是国家线是分开划线的。管理类联考综合考试内容见表 10-1：

表 10-1　管理类联考综合考试内容

科目	考试内容	分值	题型结构
管理类联考综合	数学基础	75 分	25 道选择题，每题 3 分 （其中：问题求解 15 道，条件充分性判断 10 道）
	逻辑推理	60 分	30 道选择题，每题 2 分
	写作	65 分	论证有效性分析 30 分，论说文 35 分

二、推荐参考书目

管理类联考没有官方指定参考书目，只有考试大纲，橙啦根据考试大纲，制作了各个阶段的讲义，并且还有近 5 年的真题集。

1. 管理类联考综合能力基础讲义·写作 / 逻辑 / 初数。

2. 管理类联考综合能力强化讲义·写作 / 逻辑 / 初数。

3. 管理类联考综合能力冲刺讲义·写作 / 逻辑 / 初数。

4. 管理类联考综合能力·15 年真题精编 / 答案精解。

三、全程复习规划

（一）导学阶段（1—2 月）

1. 复习规划

这个阶段是全面了解考试范围、学科特点以及复习方法的阶段，这些可以让我们后续的复习少走弯路、更加顺利。由于时间比较短，同时又是复习的初级阶段，管综的写作可以不着急复习，复习可以从逻辑和初数的基础知识开始学习。

2. 复习重点

了解管综考研基本情况与常识、掌握各科的学科特点和复习方法，明确考试范围与重点、高频考点的分布情况，制定全年规划。

（二）基础阶段（3—6 月）

1. 复习规划

顾名思义，这一阶段是我们备考的初始阶段，这一阶段的学习目标是通过学习来掌握各科基础的知识点，从而为后续的强化做准备，所以对于这一阶段的学习，应该是以讲义上的内容为主，更多的是要理解每个知识点背后的逻辑原理。比如一个公式，不光是要知道有这么个公式，记住这个公式怎么用，其实更重要的一点是要知道这个公式怎么来的？谁首先提出来的？他基于什么现象、什么试验、什么资料提出来的？至少你的脑袋里要想一下，已知什么条件下才能使用这个公式，利用这个公式能够求得什么信息、以及这一信息的意义何在？

2. 复习重点

初数：基础阶段学习的重心放在知识点的学习和理解上，至于题目，以理解课后例题为主，一定要独立、认真地完成课后的习题，然后配合对应的课后题讲解视频，做到对题目完全掌握。同时也要注意，习题做起来不顺畅是很正常的事，没有人一开始就会所有的事情，不要过度焦虑，一步一个脚印，功不唐捐。针对新题型（条件充分性判断），要改变原有思维方式，做到熟悉题型。此外，最好准备错题本，把每次做错的题目整理出来，便于后期有针对性地复习，以节约复习时间。

逻辑：在逻辑学习的基础阶段，需要对逻辑的考试形式内容有一个初步的了解，学习一些逻辑基础知识与概念，对逻辑整体学习有一个基本的框架。不要急于掌握快速解题的技巧与方法，脚踏实地学习基本概念，夯实基础，所以前期的任务就是掌握逻辑基础部分的知识点和概念。

写作：熟悉考试大纲对写作的要求，认识论证有效性分析和论说文，了解评分标准，了解论证有效性分析的论证结构及常见逻辑漏洞，了解论说文的命题类型，学会论说文的审题方法，配以试题范文并通过分析大纲要求，初步认识中文写作的考查重中之重。不用急于成文，多积累素材，夯实基础。

（三）强化阶段（7—9 月）

1. 复习规划

本阶段的学习重点是如果基础阶段没过完，那么继续过，过完了以后，强化阶段的主要任务有两点：

第一，将原来零散的知识点整合一下，因为第一阶段只是学习那些点，但是我们考试中往往难度的体现就是多个知识点的复合，现在这个阶段就要知道这个点的常见考查方向是哪些，真题会与哪些知识点复合考查，常用的解题方法是什么，最终的目标就是形成知识点—考查方式—最佳方法的思维链条。

第二，通过刷题，提高做题速度，同时巩固思维链条，形成条件反射，争取达到应试的基本时间要求。这一阶段我们做题就要有时间观念，一道题超过2分钟做不出来，就要思考方法是否正确，有没有更好、更快的方法。30道题能不能在1小时左右做完，如果做不完，应该怎么改进。学会识别题目的难度、调整做题顺序，哪怕还是做不完，但是在1小时内的得分越来越多也是很有进步的。

本阶段要开始准备写作，而且，无论是论证有效性还是论说文，都不能仅仅停留在积累上，要开始动笔练习，练熟模板，吃透论说文原理结构，训练早年真题。

2. 复习重点

初数：依据考试大纲及历年真题讲解初数主要知识点，归纳总结命题方向和常见解题思路。

逻辑：首先串讲以巩固基础阶段所学的基本概念、基本理论，领悟解题过程中逻辑方法和逻辑技巧的价值，分析各种不同类型考题的解题思路。

写作：掌握命题特征、题型分类、审题方法、构思方法和行文思路。

（四）刷题阶段（10—11月）

1. 复习规划

刷题阶段是真正的提升阶段，这个阶段是通过模拟题和管综历年的真题来检验学习效果。刷题可以帮助考生检测自己对于知识点的掌握程度，发现自己哪些地方理解不够深入或者掌握不够扎实，进而进行有针对性的复习。管综的真题中蕴含了命题的思路和信息，考生在做真题的过程中能更好地理解和把握考试的方向和重点，从而有针对性地进行备考。

2. 复习重点

初数：初数母题专训，结合历年真题针对历年真题讲解初数主要知识点，

强化重要解题思想，提高综合解题能力。

逻辑：配合真题和模拟真题，通过逻辑常项来串讲逻辑知识体系及相应的逻辑方法和逻辑技巧，帮助考生查漏补缺，全面提高综合应试能力。

写作：配合近 5 年真题，通过对两个题型基本知识点的复习，与写作技巧和方法的串讲，讲解明确的写作思路。尤为重要的是：在每一个宏观论述后，需要有一个接地气的案例或句子加以强化，以完成从理性到感性的转换。

（五）冲刺阶段（12 月至考前）

1. 复习规划

这个阶段要对知识点再次进行梳理，查漏补缺。复习要有所侧重，以最核心的知识点为主，压缩复习范围、抓大放小。初数、逻辑方面查漏补缺、适当做题、保持手感，中英文写作方面重点准备，完成背诵以及写作练习的任务，这个阶段还需要继续练习真题，培养自己的考场思维和答题思路，达到整套卷子的应试时间要求。

2. 复习重点

初数：系统串联初数知识体系，指导考生对主要考点进行深入学习。

逻辑：专题再巩固，重点讲解考试高频题型，主次分明。

写作：掌握两大题型串讲点睛。

第二节　教育学硕士备考攻略

一、考试说明

教育学硕士（学硕）初试一般考政治（100 分）、英语一（100 分）、教育学专业基础综合（300 分，一般统考代码是 311，自主命题代码不同）。教育硕士（专硕）初试一般考政治（100 分）、英语二（100 分）、333 教育综合（150 分）、专业二（150 分）。311 教育学专业基础考试内容见表 10-2：

表 10-2　311 教育学专业基础考试内容

科目	考试内容	分值	题型结构
311 教育学专业基础	教育学原理	（1~13 题）13×2=26 分 （第 46 题）15×1=15 分 （第 49~50 题）15×2=30 分 （第 54 题）10×3=30 分	单项选择题： 45 小题，每题 2 分，共 90 分 辨析题： 3 小题，每题 15 分，共 45 分 简答题： 5 小题，每题 15 分，共 75 分 分析论述题： 3 小题，每题 30 分，共 90 分
	中国教育史	（14~23 题）10×2=20 分 （第 47 题）15×1=15 分	
	外国教育史	（24~33 题）10×2=20 分 （第 51 题）15×1=15 分 （第 55 题）30×1=30 分	
	教育心理学	（34~38 题）5×2=10 分 （第 48 题）15×1=15 分 （第 52 题）15×1=15 分	
	教育研究方法	（39~45 题）7×2=14 分 （第 53 题）15×1=15 分 （第 56 题）30×1=30 分	

333 教育综合考试内容见表 10-3：

表 10-3　333 教育综合考试内容

科目	考试内容	分值	题型结构
333 教育综合	教育学原理	60 分	单项选择题：30 小题，每小题 2 分，共 60 分 论述题：2 小题，每小题 15 分，共 30 分 材料分析题：4 小题，每小题 15 分，共 60 分
	中外教育史	50 分	
	教育心理学	40 分	

二、推荐参考书目

《教育学》第七版，王道俊，人民教育出版社，2016 年 6 月版。

《教育基础》第三版，十二校联编，教育科学出版社，2014 年 12 月版。

《中国教育史》第四版，孙培青，华东师范大学出版社，2019 年 8 月版。

《外国教育史》第三版，吴式颖，人民教育出版社，2015 年 6 月版。

《当代教育心理学》第三版，陈琦、刘儒德，高等教育出版社，2019 年 3 月版。

《教育研究方法导论》第一版，裴娣娜，安徽教育出版社，2018 年 7 月版。

三、全程复习规划

（一）导学阶段（1—2 月）

1. 复习规划

这个阶段是全面了解考试范围、学科特点以及复习方法的阶段，这些可以让我们后续的复习少走弯路、更加顺利。由于时间比较短，同时又是复习的初级阶段，所以还没有必要深入学习具体知识，把所涉及的教材通读一遍即可。

2. 复习重点

了解教育学考研基本情况与常识、掌握各科的学科特点和复习方法。通读各科目参考教材，了解全书知识点。

3. 建议复习顺序

中国教育史—外国教育史—教育心理学—教育学原理—教育研究方法（专硕无）。

（二）基础阶段（3—6 月）

1. 复习规划

这个阶段主要是学习基础知识，尝试建立科目的知识框架。学的过程中，不需要刻意地去记忆，在理解的基础上厘清思路即可。

教育学原理的两本书由于理论性较强，尤其对于跨考的同学来说，刚刚开始接触，可能会存在着理解方面的问题。所以教育学原理的两本书可以适当地放慢一些速度。中外教育史的书相对来说可能会多一些趣味性和可读性。教育心理学虽然会穿插一些有趣的实验，并且有些理论能够与自身联系起来，但整体来说理论性比较强。教育研究方法的书相对来说会比较枯燥，并且教材的内容可能不太容易理解，是需要花时间去消化的。建议大家跟踪一些重点教育观点背后的心理学试验或基础。

2. 复习重点

首轮复习需要做到的是全面，在第一轮的复习中要把教材认真仔细地看一遍，考试内容的根基还是来源于教材，所以在复习过程中要对教材的每个知识点过滤，做到全面。

对于第一轮的复习，我们更注重对知识点的理解，所以这一轮的复习不要求记忆内容，但是在读完每一章节后都需要建立自己的逻辑框架，在建立逻辑框架时应该留有空地，方便在强化阶段补充详细内容，而且这样做就不需要在强化阶段重新做框架了，目前第一轮复习不建议做详细笔记。

看完书后，可以再看一遍教学视频和讲义（也可以放到看书之前来做），以达到启发或者强化的效果。（依自己的情况而定，如果对专业课比较熟悉，可以先看书，再看讲义，这样可以起到巩固的作用，但是如果对专业课的知识点不太熟悉，建议结合着视频和讲义去看书，这样效果会好些）。考研考的是毅力和方法，所以要注重学习方法的掌握和运用。另外，虽然这样复习速度很慢，但是确实效果会比较好，特别是到下一轮复习的时候会有突出体现。

此阶段在课余时间可以全面了解目标院校，从学术渊源、学者、学派等几大方面入手，掌握大体出题方向。知己知彼，方可百战不殆。

（三）强化阶段（7—9月）

1. 复习规划

这个阶段要根据大纲了解考试的重点，进行第二轮的强化学习，并且开始背诵。

2. 复习重点

跟着老师的强化辅导课，进一步强化知识点。要把基础阶段的笔记重新拿出来补充相应的内容。明确考试重难点、考试题型、命题规律等。背诵不需要逐字记忆，能自己口头复述出来即可。背诵是一个反复的过程，今天背的可能明天就忘了，需要不断巩固学习才能牢记。

（四）刷题阶段（10—11 月）

1. 复习规划

这个阶段主要任务是刷题，在刷题中掌握做题技巧以及弥补知识的不足。

2. 复习重点

按照题型去逐个突破，选择题、论述题、材料分析题三种题型可以按照三个专题去集中训练。在做题中查漏补缺，发现学习的不足，再有针对性地弥补。在做题中巩固已背知识，在做题中总结做题技巧。

（五）冲刺阶段（12 月至考前）

1. 复习规划

这个阶段要对知识点再次进行梳理，查漏补缺。复习要有所侧重，以最核心的知识点为主，压缩复习范围、抓大放小。这个阶段还需要继续练习真题，培养自己的考场思维和答题思路。

2. 复习重点

继续背书，对知识点进行总结和查漏补缺，重点掌握核心知识点。紧跟课程，掌握简答题、论述题答题技巧。通过课程了解一定的教育热点，为论述题做准备。进行真题的模拟练习，控制时间，保持考试状态。

第三节 心理学硕士备考攻略

一、考试说明

心理学学硕和心理学专硕的初试科目有所不同。心理学学硕的初试科目一般包括政治（100 分）、英语一（100 分）、心理学专业基础综合（300 分）。心理学学硕专业课的考试科目有 312 心理学专业基础综合和自主命题两种，大部分院校专业课会选择 312 心理学专业基础综合，如果是自主命题的院校，会分为考一门专业课 300 分和两门专业课各 150 分的情况。

心理学专硕的初试科目则一般为政治（100 分）、英语二（100 分）、347 心理学专业基础综合（自命题）。其中学硕（自命题）以及 347 心理学专业综合的考试内容，每个院校均有所不同，一般是从普通心理学、发展心理学、社会心理学、教育心理学、实验心理学、心理统计学、心理测量、变态心理学、心理咨询、人格心理学、管理心理学、西方心理学史、认知心理学等学科里面挑选几个科目进行考查。312 心理学专业基础综合考试内容见表 10-4：

表 10-4　312 心理学专业基础综合考试内容

科目	考试内容	分值	题型结构
312 心理学专业基础综合	心理学导论	100 分	单项选择题：60 小题，每小题 2 分，共 120 分 多项选择题：10 小题，每小题 4 分，共 40 分 简答题：4 小题，每小题 10 分，共 40 分 综合题：4 小题，每小题 25 分，共 100 分
	发展与教育心理学	70 分	
	实验心理学	60 分	
	心理统计与测量	70 分	

二、312 心理学专业基础综合推荐参考书目

《普通心理学》第五版，彭聃龄，北京师范大学出版社，2018 年 9 月版。

《社会心理学》第四版，侯玉波，北京大学出版社，2018 年 8 月版。

《发展心理学》第三版，林崇德，人民教育出版社，2023 年 3 月版。

《当代教育心理学》第三版，陈琦、刘儒德，北京师范大学出版社，2019 年 3 月版。

《实验心理学》第二版，郭秀艳，人民教育出版社，2019 年 7 月版。

《现代心理与教育统计学》第四版，张厚粲、徐建平，北京师范大学出版社，2019 年 1 月版。

《心理与教育测量》, 戴海琦, 暨南大学出版社, 2018 年 5 月版。

三、全程复习规划

(一) 导学阶段 (1—2 月)

1. 复习规划

此阶段是全面了解考试范围、学科特点以及复习方法的阶段, 这些可以让我们后续的复习少走弯路、更加顺利。

2. 复习重点

了解心理学考研基本情况与常识, 掌握各科的学科特点和复习方法, 掌握各科参考教材的主要内容与学习方法。明确考试范围与重点、高频考点的分布情况。

(二) 基础阶段 (3—6 月)

1. 复习规划

这个阶段专业课的复习重点就是读懂教材, 尝试建立科目的知识框架。这个阶段在读教材的过程中, 不需要刻意地去记忆, 但要有意识地建立知识的脉络。建议大家先自己阅读教材, 把不懂的地方标记出来; 然后去听我们基础阶段的课程, 听完之后, 如果还有不理解的地方可以通过课程答疑进行提问, 确保自己能够理解每个知识点; 最后梳理知识框架, 建立每个学科的知识框架图。

2. 复习重点

通读各科目参考教材, 对教材进行全面的理解和梳理, 构建心理学的知识框架, 尤其是一些著名心理学试验案例的逻辑关系。

3. 各科规划

(1) 普通心理学

普通心理学是心理学的入门学科, 因此同学们首先要学习普通心理学。同时普通心理学也是考研的重点学科, 大部分院校考查普通心理学的分值占比都是最高的，因此同学们一定要重视普通心理学的学习。

普通心理学和考研的其他学科都有一定的联系，比如普通心理学第十四章人生全程发展，属于发展心理学的内容；普通心理学第十三章学习，是教育心理学的内容；普通心理学第十二章人格，是人格心理学的内容；普通心理学第十一章能力的测量和第十二章人格的测量，则是心理测量的内容；同时你会发现普通心理学第三章感觉至第十章情绪在实验心理学中也有，只不过普通心理学侧重于实验结论，而实验心理学则是侧重于实验过程。

因此，如果同学们对普通心理学的相应部分不太理解，并且你的目标院校会考到相关的其他科目的时候，大家就可以结合其他学科进行理解学习。

（2）发展心理学

发展心理学是研究人生全程发展的学科，同学们在学习的时候一定要自己梳理一个表格，横轴是心理发展的各个部分，竖轴则是各个年龄阶段，方便后期理解记忆。

（3）实验心理学

实验心理学的重点可以概括为实验研究基本原理和重要的心理学实验。实验研究基本原理是实验心理学的核心内容，也是考试的重点内容，需要同学们着重学习掌握。理解了实验研究基本原理之后再去看重点的心理学实验，建议大家能够自己梳理清楚每个实验的实验逻辑、实验过程、实验结果和实验结论。

另外，建议大家每周看一篇实证类的文献，着重去看研究方法部分，可以帮助你理解实验心理学的实验逻辑，推荐中文期刊：《心理学报》《心理科学》《心理科学进展》等。

（4）心理学统计与测量

统计和测量因为会涉及公式和计算，建议大家在学习这两个学科的时候，对于书中的例题和课后习题都要自己做一遍，知道在什么条件下选用什么统计方法和公式。

（5）教育心理学

教育心理学的核心是"学习心理"，"学习心理"的核心则是学习理论，学习理论是各个心理学家关于学习是什么、学习是怎么发生的、学习的过程等问题的回答，大家在学习的时候注意掌握各个理论之间的联系和区别。除了学习理论，大家还需要重点掌握学习动机的理论以及迁移的理论。

（6）社会心理学

社会心理学是与我们生活联系最密切的学科，比如"光环效应""人际吸引""爱情"等。建议同学们在学习的时候，多将知识点和自己的经历相结合去理解，多想想自己生活中或者网上是否有相关的案例，这样可以加深你对知识点的理解和记忆。

科目复习顺序：

普通心理学—社会心理学—发展心理学—教育心理学—实验心理学—心理统计学—心理测量学—人格心理学—临床与咨询心理学—变态心理学—管理心理学。

读教材建议：建议不放过任何一个字，一字一句看完各科教材。

各科读教材进度参考：建议每日 2~3 章，阅读全科达到 2~3 遍。

最后，希望同学们能自己讲述每个心理学中最著名的试验案例，让其成为故事、成为谈资、成为宝典。

（三）强化阶段（7—8 月）

1. 复习规划

强化阶段要根据大纲了解考试的重点，建立知识点的框架，尤其是建立知识与知识、章节与章节之间的联系。再配合着习题的练习，前期可以用一些客观题来巩固知识、检验自己的掌握程度。慢慢地开始练习主观题，学习答题技巧。

2. 复习重点

本阶段的复习重点主要是掌握大纲中的考试重点并进行理解性背诵，以及习题的练习。

背诵顺序建议：与导学阶段阅读顺序一致。考虑到系列位置效应，大家可以把重点学科放在最开始和最后背诵，同时在背诵的时候更改背诵的顺序。

背诵计划安排：前期建议一本一本按顺序来背，以理解性的记忆为主，遇到晦涩难背的知识可适当运用口诀或顺口溜等技巧进行背诵。每天既要有新知识的记忆，同时也要有旧知识的回顾与复习。背诵的进度根据自己的能力安排即可，建议强化阶段至少背完一轮。

（四）刷题阶段（9—10 月）

1. 复习规划

这个阶段主要是利用真题掌握历年高频考点有哪些，每个知识点可能以何种形式进行考查，从而知道每个知识点需要掌握到何种程度；同时利用真题和练习题对自己的复习情况进行检测，查漏补缺，明白自己目前还有哪些地方需要加强复习，从而使得复习更加有针对性。

2. 复习重点

（1）实验心理学

结合真题背诵主观题考点，同时针对综合题和实验设计题进行训练，既能分析实验设计大题中的三大变量、实验设计类型以及分析实验结果，同时也要能够完整地设计实验。

（2）统计与测量

结合真题背诵主观题考点，同时练习计算题，掌握每个公式的使用条件及其使用方法。

（3）其他参考书

背诵主观题的同时进行刷题，注意训练自己的答题技巧，掌握规范的答题格式。

（五）冲刺阶段（11—12 月）

1. 复习规划

这个阶段要对知识点再次进行梳理，查漏补缺。复习要有所侧重，以最核心的知识点为主，压缩复习范围、抓大放小。这个阶段还需要继续练习真题，培养自己的考场思维和答题思路。同时在公共课方面减少英语的复习时间，重点复习政治。

2. 复习重点

对知识点进行总结和查漏补缺，重点掌握核心知识点，继续讲故事，掌握答题技巧，做真题的模拟练习。

第四节　经济学硕士备考攻略

一、考试说明

经济学硕士考研科目有四门：政治（100 分）、英语一（100 分）、数学三（150 分）、专业课（150 分）。经济学硕士专业课考试一般为自主命题，题型通常是以名词解释、简答题和计算题为主。有些院校喜欢出选择题，但是考的学校不多，通常来讲考试内容各有不同，参考书目也不同。一般初试考试规律如下：

- ·三科：政治经济学、微观经济学、宏观经济学
- ·两科：微观经济学、宏观经济学
- ·一科：微观经济学

二、推荐参考书目

在初试中，因为是自主命题，不同的学校试卷风格不同，主要涉及的参考书如下：

1. 初级教材（适用于双非学校和对专业课要求不高的 985/211 院校）

《西方经济学》第八版，高鸿业，中国人民大学出版社，2021 年 8 月版。

《西方经济学》第二版，《西方经济学》编写组，高等教育出版社，2019 年 9 月版。

《经济学原理》，曼昆，中国人民大学出版社，2019 年 5 月版。

2. 中高级教材（适用于名校和对专业课要求较高的 985/211 院校）

《微观经济学》第九版，平狄克，中国人民大学出版社，2020 年 2 月版。

《微观经济学现代观点》，范里安，中国石化出版社，2012 年 5 月版。

《微观经济学》第十一版，尼克尔森，北京大学出版社，2014 年 8 月版。

《宏观经济学》第十版，曼昆，中国人民大学出版社，2020 年 1 月版。

《宏观经济学》第十三版，多恩布什，中国石化出版社，2014 年 5 月版。

《宏观经济学》布兰查德，清华大学出版社，2009 年 1 月版。

三、全程复习规划

部分院校或专业会有政治经济学的考查内容，建议从 7 月开始学习政治经济学部分，7—8 月边学边背，完成第一轮政治经济学的学习，建议从资本主义部分开始再学社会主义部分。9 月开始第二轮，在第一轮的基础上进行巩固，以画章节重点、做框架图为抓手，并完成院校指定参考书课后题等的背诵。后期多多刷题，多轮反复背诵！总的来说，我们可以把经济学专业课的复习分为五个阶段：

（一）导学阶段（1—2 月）

1. 复习规划

在此阶段，我们的主要任务是了解考研经济学的考试内容和形式，制定全年的复习规划，为后续的复习打下坚实的基础，如果有时间可以开始阅读经济学考试的参考教材，一般从微观经济学开始学习。

2. 复习重点

了解经济学考研的考试内容、题型，制订复习计划。在导学阶段，需要注重掌握经济学的基础知识。比如基础理论与模型，为后续的复习打下坚实的基础。橙啦的学员在此阶段听老师录制的导学和教材讲解课程，紧跟课程即可。课后及时做与知识点对应的练习题，巩固知识点。尝试整理知识点框架，总结重点难点。

（二）基础阶段（3—6 月）

1. 复习规划

基础阶段的复习规划应该以全面系统地掌握概念、模型和公式为核心，通过每讲的框架图和知识点总结来加深对知识体系的理解和记忆。同时，需要完成初级基础讲义和初级基础习题册，以及每讲课后习题的巩固练习，确保对基础知识的扎实掌握和灵活运用。

2. 复习重点

（1）理解掌握基本知识：注重细节和重点，确保对每个知识点的掌握程度。

（2）刷题巩固：课后及配套习题练习，包括选择、判断、简答、计算等。

（3）建立知识框架：在掌握基础知识的基础上，建立起完整的知识框架，将各个知识点有机地联系起来，形成系统化的知识体系。

橙啦的学员跟随课程 5 月开始背诵名词解释和简答。根据上课重点整理笔记，梳理各章节框架。练习论述题的写作，根据个人需要预习中级经济学内容。

（三）强化阶段（7—8 月）

1. 复习规划

所有初级（中级）知识点熟练掌握。模型、定理、计算方法等熟练掌握。精细扩充框架图，初级强化 / 中级讲义 + 初级强化 / 中级习题册 + 每讲课后习题巩固。

2.复习重点

强化阶段紧跟直播课，熟悉所有知识，课后总结练习答疑，扩大做题面。通过强化阶段的学习，串通知识体系，理解各个章节的关系脉络。扩充融合两个阶段的框架图及知识点，知识框架由小到大，融入课本和习题中。最好是能在老师的帮助下，讲清楚一些著名诺奖获得者的主要贡献及其应用场景。

（四）刷题阶段（9—10月）

1.复习规划

（1）历年真题和模拟题练习。

（2）模块直播课程练习全部题型答题技巧。

2.复习重点

（1）冲刺阶段重点刷真题，保证掌握每一个知识点的所有类型题目，熟练掌握答题技巧。

（2）针对性训练，针对目标院校以及各类题型进行专题训练。

（3）开始背诵重点，将考试内容、背诵资料等再背一遍，加深印象。

（4）限时考试，通过模拟考试进一步提升自身的应试能力。

（五）冲刺阶段（11—12月）

1.复习规划

（1）了解全年的热点事件，了解时间的前因后果。

（2）押题课程和试卷的学习，对不熟悉的知识点进一步巩固提高。

2.复习重点

（1）学习热点课程，对于老师讲解的热点内容要完全掌握，同时与课本理论相结合，做到举一反三，能熟练地分析事件、提出建议等，整理的热点资料要进行背诵记忆。

（2）多做历年真题卷及押题卷，通过押题卷、真题卷找到自己的知识盲区并弥补，掌握学校的出题方法，了解出题规律，对重难点内容加强理解与记忆。

第五节　金融硕士备考攻略

一、考试说明

金融专硕初试科目包括政治（100 分）、英语二（100 分）、数学三（150 分）或 396 经济类联考综合（150 分）、金融学综合（150 分）。金融学综合考试涵盖金融学、公司理财等科目，一般金融学占 90 分，公司理财占 60 分。大部分院校考试大纲会参考教育部高等学校教学指导委员会大纲，部分院校会使用自编考纲，所以不同院校考试题型、考试侧重、出题风格、参考书目会有区别。一般考试题型有名词解释、简答题、论述题等。

二、推荐参考书目

金融学综合参考书目：

《金融学》第五版，黄达，中国人民大学出版社，2020 年 3 月版。

《公司理财》第十一版，罗斯，机械工业出版社，2017 年 8 月版。

《货币金融学》第五版，米什金，机械工业出版社，2020 年 6 月版。

《投资学》第十版，博迪，机械工业出版社，2017 年 7 月版。

拓展书籍：

《货币银行学》第四版，戴国强，高等教育出版社，2015 年 7 月版。

《国际金融学》第三版，奚君羊，上海财经大学出版社，2019 年 9 月版。

《投资学》，金德环，高等教育出版社，2007 年 11 月版。

三、全程复习规划

（一）导学阶段（1—2 月）

1. 复习规划

了解金融学考研的考试内容、考试题型，制定复习规划，有时间和精力的小伙伴可以将金融学考试书目的课本粗略过一遍，对重要的概念、模型及公式有印象及初步理解，看书顺序按照金融学—公司理财的顺序。

2. 复习重点

了解金融硕士入门知识，规划全年复习节奏，快速掌握备考要点信息，理解基础知识点，了解大概框架，明晰各章节的联系。本阶段要跟随橙啦金融课程的导学课程，学习以"章"为核心，做章与章的思维导图，并填充每章的基本框架。

（二）基础阶段（3—6 月）

1. 复习规划

（1）了解金融学讲义的基本概念、模型和公式，需要全部理解或记忆。

（2）梳理整体知识点的框架和总结、完成课后习题练习。

2. 复习重点

（1）理解基本知识，完成课后及配套习题练习（包括选择、判断、计算等）。

（2）基础阶段要以"词"为根基，框架作为补充，归纳总结知识点。

（3）可以采取一定的逻辑技巧或按照符号法、人物命名法、对比法来进行记忆。

（三）强化阶段（7—8 月）

1. 复习规划

（1）强化重难点，浏览宏微观热点。

（2）对金融学知识点模型、定理、计算公式等全部记忆。

（3）掌握必备的计算方法。

2. 复习重点

（1）掌握基础知识点，对于"段"的把握，有助于应对考试题型中的简答题和计算题。

（2）真题题库练习，包括名词、简答、计算等。

（3）知识框架由小到大，融入课本和习题中。

（四）刷题阶段（9—10 月）

1. 复习规划

（1）对知识难点和易考点进行重点补充，金融学核心题库练习，熟悉答题技巧。

（2）通过模考查漏补缺，名词解释、简答、计算公式、宏微观热点等集中背诵。

2. 复习重点

（1）串通知识体系。

（2）将段叠加成篇，对应考试题型中的论述题目，进行专项训练。

（3）掌握基本答题方法，集中背诵。

（4）专题复习，模拟考试，查漏补缺。

（5）金融学专题：货币专题、利率专题、金融市场专题、商业银行专题、中央银行与货币政策专题、汇率专题、国际收支专题、金融监管与金融创新专题。

（6）公司理财专题：会计报表专题、现金流量专题、资本预算专题、风险和收益专题、市场有效性专题、资本结构专题、股利政策及分配专题、短期营运资金管理专题。

（五）冲刺阶段（11—12 月）

1. 复习规划

对本年度的金融热点进行总结归纳，了解各项事件的背景、政策、涉及的课本理论模型等内容。

2. 复习重点

（1）通过热点课，掌握金融热点事件，背诵老师提供的热点资料，能够熟练分析各金融事件，形成自己的分析思路，掌握对应的答题技巧。

（2）通过刷真题，掌握目标院校考试风格与特色，对于考试的重难点进行重点突破与复习。

（3）定时模拟定校押题卷，查漏补缺，总结规律，对不足的地方进行重点训练。

（4）理解一些金融工具有效（失效）的外部因素与内在条件，提高自己对金融热点事件的理解能力。

第六节　计算机硕士备考攻略

一、考试说明

计算机硕士初试一般考四门科目，包括政治（100分）、英语一（100分）、数学一（150分）和计算机学科专业基础综合（150分）。从2009年起，全国硕士研究生入学考试计算机科学与技术学科实行全国统考。具体考试科目要以院校的招生简章为准。408计算机学科专业基础考试内容见表10-5：

表 10-5　408 计算机学科专业基础考试内容

科目	考试内容	分值	题型结构
408计算机学科专业基础综合	数据结构	45 分	单项选择题：80 分，40 小题，每小题 2 分 1~10 题：数据结构部分 11~22 题：计算机组成原理部分 23~32 题：操作系统部分 33~40 题：计算机网络部分 综合应用题：70 分，7 小题 41~42 题：数据结构题，分值各为 10 分和 15 分 43~44 题：计算机组成原理题，分值各为 8 分和 13 分 45~46 题：操作系统题，分值各为 7 分和 8 分 47 题：计算机网络题，分值为 9 分
	计算机组成原理	45 分	
	操作系统	35 分	
	计算机网络	25 分	

二、408计算机学科专业基础综合推荐参考书目

《数据结构》，严蔚敏，清华大学出版社，2007年3月版。

《计算机组成原理》，唐朔飞，高等教育出版社，2008年1月版。

《计算机操作系统》，汤子瀛等，西安电子科技大学出版社，2014年5月版。

《计算机网络》，谢希仁，电子工业出版社，2017年1月版。

三、全程复习规划

（一）导学阶段（1—2月）

1. 复习规划

通过导学课程，了解计算机考研的基本常识、考试内容、考试题型、未来职业方向等。通过制订清晰的复习计划，确立初步的院校目标。另外，学习C语言入门课程，打好基础，为之后的科目学习做好铺垫。

2. 复习重点

在学习408考试科目之前，首先开始C语言的学习，打好一定基础后进行4个考试科目的学习，通读参考教材，掌握各个知识点的内容，每个章节学完之后进行框架梳理。

建议复习顺序：数据结构—操作系统—计算机网络—计算机组成原理。

（二）基础阶段（3—6月）

1. 复习规划

计算机基础阶段的学习是打好基础的关键时期，在这个时期要做好三个方面的工作：

（1）第一步是听课。橙啦计算机精讲阶段的课程就适用于同学们打基础，这个阶段同学们需要把专业课知识无死角地听完，但是理解掌握所有的知识几乎是不可能的，在这个阶段同学们掌握70%左右的知识点即可。

（2）第二步是画框架图。知识是成体系化的，制作框架图有助于我们体系化地理解计算机知识。另外，梳理框架图也是我们对知识的回顾学习，有助于加深对知识点的记忆。

（3）第三步是完成配套习题。只有通过做题，才能把大家学到的知识巩固下来，大家才会知道某一个知识点在试题中到底以怎样的形式出现。

2. 复习重点

结合参考教材以及课程，把基础知识吃透，基本概念要掌握，数据结构要侧重算法。计算机组成原理学起来相对较为吃力，内容要反复理解。操作系统重点是第二章进程管理。计算机网络主要是记忆，复习难度相对较小。

（三）强化阶段（7—8月）

1. 复习规划

强化阶段非常重要，这个阶段努力与否关系着考研的最终成败。在这个阶段，专业课最主要的任务是将细碎的知识点进行模块化、结构化、题型化整理，掌握重要知识点专题，综合刷题，形成知识网络。

2. 复习重点

数值计算专题、存储器专题、IO系统专题、CPU系统专题、PV专题、存储器专题、文件专题、存储器系统专题、子网划分专题、数据报格式专题、数据传输层次专题、理由转发专题，以上经典专题一定要掌握。将知识进行模块化整理之后，开始进行综合大题的计算练习，刷真题，培养做题感觉，回顾基础阶段所学内容。

（四）刷题阶段（9—10月）

1. 复习规划

这个阶段是不断刷题的阶段。在这个阶段计算机专业课的学习要围绕考点和刷题来进行。刷题包括做历年真题和模拟题，但是要以历年真题为主，模拟题仅仅起到查漏补缺的作用。另外在这个阶段，要进行错题的总结，对错题背后的知识点进行加深理解，做题过程中要模拟考场时间，建议下午 2：00~5：00 进行完整的套卷练习，控制答题时间，逐步提升答题正确率。

2. 复习重点

刷真题是重中之重，至少刷 3 遍，第一遍当成一场考试来做，得分效果可能不佳，但是可以找出问题，比如模糊的知识点、做题太慢等；第二遍重点练习掌握不好的题目，反复去翻看知识点，同时做题速度和正确率要提高；第三遍结合方法和答题技巧快速刷题，完成模拟题的训练。

（五）冲刺阶段（11—12 月）

1. 复习规划

冲刺阶段是查漏补缺的阶段。该阶段计算机专业课的学习要围绕考点回顾进行。以高频考点为导向，查漏补缺。通过总结串讲课程，梳理归纳各科重难点、易考点。冲刺阶段建议完成冲刺套卷练习，以加深对重要考点的记忆，保持做题手感。

2. 复习重点

冲刺阶段需要跟着老师再次梳理知识点、查漏补缺。大家也要利用好模拟试卷，通过模拟考试检验自己的复习效果。

第七节 西医硕士备考攻略

一、考试说明

西医专业硕士初试一般考政治（100 分）、英语一（100 分）、306 临床医学综合能力（西医）（300 分）。306 临床医学综合能力（西医）考试内容见表 10-6：

表 10-6　306 临床医学综合能力（西医）考试内容

科目	考试内容	分值	题型结构
306 临床医学综合能力（西医）	生理学	42 分	单项选择题：第 1~40 题，每小题 1.5 分，共 60 分 第 41~115 题，每小题 2 分，共 150 分 匹配题：第 116~135 题，每小题 1.5 分，共 30 分 多项选择题：第 136~165 题，每小题 2 分，共 60 分
	病理学	36 分	
	生物化学	36 分	
	外科学	69 分	
	内科学	99 分	
	临床医学人文精神	18 分	

二、306临床医学综合能力（西医）推荐参考书目

《生理学》第九版，王庭槐，人民卫生出版社，2018 年 8 月版。

《病理学》第九版，步宏、李一雷，人民卫生出版社，2018 年 9 月版。

《生物化学与分子生物学》第九版，周春燕、药立波，人民卫生出版社，2018 年 8 月版。

《内科学》第九版，葛均波、徐永健、王辰，人民卫生出版社，2018 年 8 月版。

《外科学》第九版，陈孝平、汪建平、赵继宗，人民卫生出版社，2018 年 9 月版。

《诊断学》第九版，万学红、卢雪峰，人民卫生出版社，2018 年 7 月版。

三、全程复习规划

（一）导学阶段（1—2 月）

1. 复习规划

在基础复习之前，基础薄弱及跨考学生需要学习生理学教材，精读内科学、外科学难点解读课程，目的是打牢基础，为接下来的复习做好铺垫。

2.复习重点

本阶段主要是对西医综合考研的相关内容有一定的了解，准备复习教材和参考书。橙啦的学员可以直接使用我们配备好的教材，配合视频课程对课本知识点进行理解。

（二）基础阶段（3—6 月）

1.复习规划

基础阶段的复习主要是对参考书目的知识点进行地毯式复习，复习书目包括生理学、病理学、生物化学、内科学、外科学，这个阶段要对书上的知识点过 1~2 遍，熟悉每本书的考点，确保基础扎实，为后期的强化阶段做准备。

2.复习重点

（1）配合视频课程对课本知识点进行理解，并完成对应章节真题，巩固正课所学知识点。

（2）每天对生理学、病理学知识点进行回顾。建议考生对考试指定教材进行深入学习，此阶段至少深入通读教材 1~2 遍，针对知识点进行结构性学习和复习，搭配习题进行反馈摸底。

（3）真题的地位胜过任何练习题。任何练习题、模拟题都达不到真题的效果，在第一轮复习中就要接触真题、多做真题，不要被"早做真题就浪费了真题""要中后期才做真题"这些所谓"过来人"的经验所误导。

（4）小三科中，生理学的地位是第一位的，生理学复习的好坏关乎后期对临床学科的理解程度，故生理学复习的时间要保证；病理学相对简单，应在原有计划基础上加快复习节奏，正常复习时间要在 2 周左右；生物化学真题复现率极高，第一轮先尽可能掌握所考考点，后期第二轮、第三轮精做真题，正常复习时间在 1~2 周。

（三）强化阶段（7—8 月）

1. 复习规划

这个阶段复习的科目是生理学、病理学、内科学、外科学，进行第二轮强化复习，要以历年真题为主，视频为辅。

2. 复习重点

（1）对于生理学、病理学、内科学、外科学几个科目来说，要以历年考研真题为主、视频为辅进行第二轮复习。做题过程中以真题带学知识点，对教材知识点进行二次理解记忆，内科学与外科学是重中之重，要把握好"病例分析题"这个大头。

（2）对于生物化学科目来说，要以真题为主进行第二轮复习，生化真题复现率高，第一轮先尽可能掌握所考考点，后期第二轮、第三轮精做真题，正常复习时间在 1~2 周，要对于命题考点着重理解记忆。建议考生对重要知识点进行二次学习，增强记忆和理解，继续完善笔记，进行真题训练，做到能够说出每道题的考点、知识点、错误选项的原因。

（四）刷题阶段（9—10 月）

1. 复习规划

刷题阶段是第三轮复习，复习的科目是西医综合所有科目，本轮复习需要三刷真题，进一步掌握历年真题的考点，查漏补缺。

2. 复习重点

重点是三刷真题，配合直播课程、第九版教材，对全科薄弱环节查漏补缺，针对西医综合真题训练，以题带动对知识点的回顾。如果有不懂的知识点，及时返回到课程和教材上重新学习相关内容，解决疑点和难点，进一步提升对知识点的掌握程度。

（五）冲刺阶段（11—12 月）

1. 复习规划

冲刺阶段是对西医综合全科的第四轮复习，复习还是以真题为主，配合模拟卷和押题卷进行最后的冲刺复习。记得要对过往做错的题目进行加强复习，掌握模拟卷和押题卷上的所有知识点。

2. 复习重点

此阶段复习的重点是对真题再次回顾，回顾真题考查的知识点及强化高频考点，尤其内科学与外科学是重中之重。结合课程，完成对薄弱点的学习，对生疏的考点再次复习，查漏补缺，对模拟套题、押题卷练习中的错误内容进行反复训练和分析，提高知识点的覆盖性和准确性。

第八节　护理硕士备考攻略

一、考试说明

护理专业硕士初试一般考政治（100 分）、英语一（100 分）、护理综合（300 分）。

其中，护理综合考试内容包括护理学基础、内科护理学及外科护理学。不同院校的专业课考试科目有所不同，但总体来说，这些科目都是为了测试考生对于护理学知识和技能的掌握程度。护理综合考试内容见表 10-7：

表 10-7　护理综合考试内容

科目	考试内容	分值	题型结构
护理综合	护理学基础	约 90 分	护理综合是由各个学校自主命题，大部分院校都包括以下几种题型：单选题、多选题、名词解释、简答题和案例分析题等
	内科护理学	约 120 分	
	外科护理学	约 90 分	

二、推荐参考书目

护理综合考试参考书目:

《基础护理学》，李小寒，人民卫生出版社，2017 年 7 月版。

《内科护理学》，龙黎明、吴瑛，人民卫生出版社，2017 年 6 月版。

《外科护理学》，李乐之、路潜，人民卫生出版社，2017 年 7 月版。

《护理学导论》，李小妹、冯先琼，人民卫生出版社，2021 年 12 月版。

三、全程复习规划

(一) 导学阶段 (1—2 月)

1. 复习规划

了解护理学考研的相关内容，了解考试形式和基本要求，确定备考方向和策略，制订合理的复习计划，初步阅读教材，熟悉知识点和教材框架。

2. 复习重点

此阶段一定要制订适合自己的复习计划，认真学习教材领读课程，熟悉考试教材的知识，自己可以根据教材建立知识点框架图。

(二) 基础阶段 (3—7 月)

1. 复习规划

这个阶段要求地毯式复习，掌握考试大纲中要求的基础知识点，配合刷题，重点提升分析和解答基础题的能力，适应选择题的答题形式。

2. 复习重点

基础阶段重点是要对考试指定教材进行深入学习，一般建议此阶段至少深入通读教材一遍，针对知识点进行结构性学习和复习，在看书的过程中，可将核心考点没有的知识点补充在资料中。看完一章可以做下配套习题或真题，当遇到不会的题或是知识点模糊的题，一定要翻书，翻书也是一个巩固知识点的过程。可将遇到的真题标记在教材上。

3. 看书方法

护理综合复习顺序：可以先看内科护理学、外科护理学，然后看基础护理学、护理学导论。

内科护理学知识点需要理解记忆，建议放在首位复习，特别是呼吸及循环系统，考试占比较大、难度较大，前期需理解疾病发病机制，为之后复习打好基础。基础护理学、护理学导论为记忆性知识点，复习后容易遗忘，建议放在后期复习。

内科护理学：10 个章节，呼吸系统、循环系统是重中之重，可以多花一些时间。其余部分可以 3~5 天看完一个章节（根据自己情况做出调整）。

外科护理学：分成总论、颅脑外科、甲乳外科、胸外科、胃肠外科、肝胆外科、血管外科、泌尿外科、骨科（皮肤病不考），外科可一天一章。

基础护理学和护理学导论：基础护理学和护理学导论可一天各 1~2 个章节。护理学导论也可通过一些真题抓知识点重点。学习时可以结合视频＋教材＋护理综合核心考点一起看。看书的过程对于每种疾病的病因发病机制、临床表现、检查、治疗、护理、健康教育形成框架。对于教材"最""常见""首选"等字眼可以用记号笔做出标记，这些内容常考选择题。把老师课程中提到的考点画在教材上，这样有利于明确知识点考点。

（三）强化阶段（8—9 月）

1. 复习规划

此阶段要求掌握考试大纲中知识点的扩展内容，能够针对更多知识点进行答题，掌握目标院校或知名院校的命题规律及常见考点。

2. 复习重点

强化阶段是护理综合的第二轮复习，建议此阶段对重要知识点和内容进行拔高训练，形成完整的知识体系，对知识点能够自我说明或讲解，进行目标院校历年真题专项练习。同时此阶段是需要记忆考点的阶段，包括核心考点里补充的知识点。复习的时候可以将一些相似的知识点汇总在一起，建议准备一个小本子，记下易混淆的知识点。看了又忘很正常，重在重复。

（四）刷题阶段（10—11月）

1. 复习规划

这个阶段主要是刷真题，通过真题查漏补缺，形成解题体系，面对常规单选题能快速解答，针对非常规题能提出解题思路，并进行解答。

2. 复习重点

这个时候需要把重心放在大量做真题上，真题大多数没有答案，但是翻书对答案的过程可以巩固一遍知识点。一些真题考点，可以标记在教材上。对于答案不必纠结，做真题的目的不在于做题，而在于做题的过程。永远都是那句话：答案都在教材中。一定要对以往的错题进行整理，分析错误产生的原因，并针对错题进行训练，适当进行解题范围的扩展，对核心考点加以巩固。

（五）冲刺阶段（12月至考前）

1. 复习规划

这个阶段主要是回顾复习全过程，强化重点知识，进行最后的查漏补缺。通过进行模拟考试，保持考试状态和重温答题技巧。调整心态，保持自信和冷静，迎接考试。

2. 复习重点

临近考试，最后把核心考点做过的真题再过一遍，对以往的错题进行整理，分析错误产生的原因，并针对错题进行二次练习。对核心考点加以巩固，快速回顾已掌握的知识点，最后通过模拟三套卷的练习，来保持做题手感和应试状态。

第九节 法律硕士备考攻略

一、考试说明

法律硕士分为法律（法学）和法律（非法学）两种。如果本科专业不属于法学大类，则在报考时应选择法硕（非法学）；如果本科专业属于法学大类，则在报考时应选择法硕（法学）。不管是法硕（法学）还是法硕（非法学），考试科目都包括政治（100分）、英语一（100分）、专业基础课（刑法+民法，共150分）以及专业综合课（法理学+宪法学+中国法制史，共150分），满分500分。法律硕士专业基础考试内容见表10-8：

表 10-8 法律硕士专业基础考试内容

科目	考试内容	分值	法律（法学）题型结构	法律（非法学）题型结构
法律硕士专业基础	刑法学	75分	20道单选题，每道1分，共20分 10道多选题，每道2分，共20分 4道简答题，每道10分，共计40分 2道论述题，每道15分，共计30分 2道案例分析题，每道20分，共计40分	40道单项选择题，每道1分，共40分 10道多项选择题，每道2分，共20分
	民法学	75分		4道简答题，每道10分，共40分 2道分析题，每道10分，共20分 2道论述题，每道15分，共30分

法律硕士专业综合考试内容见表10-9：

表 10-9 法律硕士专业综合考试内容

科目	考试内容	分值	法律（法学）题型结构	法律（非法学）题型结构
法律硕士专业综合	法理学	60分	20道单选题，每道1分，共20分 10道多选题，每道2分，共20分 3道简答题，每道10分，共30分 5道分析论述题，4道15分，1道20分，共80分	40道单选题，每道1分，共40分 10道多选题，每道2分，共20分
	中国宪法学	50分		3道简答题，每道10分，共30分 3道分析题，每道10分，共30分
	中国法制史	40分		2道论述题，每道15分，共30分

二、推荐参考书目

法律硕士专业基础参考书目：

《刑法》，高铭暄、马克昌，北京大学出版社，2011 年 9 月版。

《民法学》，魏振瀛，北京大学出版社，2017 年 8 月版。

法律硕士专业综合参考书目：

《法理学》，张文显，北京大学出版社或高等教育出版社，2014 年 7 月版。

《宪法》，周叶中，高等教育出版社，2005 年 3 月版。

《宪法》，许崇德，中国人民大学出版社，2004 年 7 月版。

《中国法制史》第二版，曾宪义，中国人民大学出版社，2006 年 6 月版。

《外国法制史》，何勤华，复旦大学出版社，2006 年 7 月版。

三、全程复习规划

（一）导学阶段（1—2 月）

1. 复习规划

导学阶段需要先了解法律硕士的基本常识，包括法律硕士的考试内容、考试题型、参考书目，根据自己的实际情况制定全年的备考规划。

2. 复习重点

在前期学习阶段，通读五门专业课教材，对重点的知识反复学习，掌握每门考试的重点，尤其是刑法学和民法学，要理解 50% 左右的内容。

复习顺序：刑法学—民法学—法理学—中国宪法学—中国法制史。

进度参考：刑法学和民法学建议各用 12 天左右的时间复习；法理学、中国宪法学、中国法制史建议各用 8 天左右的时间复习。

（二）基础阶段（3—6 月）

1. 复习规划

基础阶段是打好基础的关键时期，在这个阶段要做好三个方面：

（1）第一步是听课。橙啦法律硕士精讲阶段的课程非常适合同学们打基础，在这个阶段同学们需要把专业课知识无死角地听完，但是理解掌握所有的知识几乎是不可能的，在这个阶段同学们掌握 70% 左右的知识点即可。

（2）第二步是画框架图。法律是成体系化的，画框架图有助于体系化地理解法律知识。另外，画框架图也能够完成知识输出，让考生对相关知识的理解更加深刻。

（3）第三步是完成配套习题。这个练习题可以是我们发给大家的章节真题，也可以是课后练习题，只有通过做题才能巩固学到的知识，了解某一个知识点在试题中到底以怎样的形式出现。

2. 复习重点

（1）刑法学的复习重点是刑法总论部分的共同犯罪与罪数形态。

（2）民法学复习重点为民法的物权编和合同编。

（3）法理学的复习重点是客观题考试内容，即前六章。

（4）中国宪法学的复习重点是前三章，比如各个国家的宪法文件和宪法的分类等。

（5）中国法制史的复习重点是各个朝代的立法精神、司法制度变革等。

各科教材进度参考：刑法学 25 天左右；民法学 30 天左右；法理学 20 天左右；中国宪法学 20 天左右；中国法制史 15~20 天。

（三）强化阶段（7—8 月）

1. 复习规划

强化阶段非常重要，这个阶段努力与否关系着考研的最终成败。在这个阶段，学习专业课最主要的任务是进行背诵，另外主观题的练习也要同步进行。背诵是我们做题的基础，尤其是做主观题的基础。所以在这个阶段，大家要完成两轮背诵任务。

2. 复习重点

（1）刑法学背诵重点为总则部分的重点内容。如刑法的原则、数罪并罚道德原则等，还有分则部分各个罪名的构成要件、各个罪名之间的区别等。

（2）民法学背诵重点为总则部分全部内容，以及物权编、合同编和侵权责任编。

（3）法理学背诵重点为中国特色社会主义法治的内容。

（4）中国宪法学背诵重点为公民权利和国家机构的组成。

（5）中国法制史背诵重点为清末民初的立法变革。

背诵顺序：刑法学—民法学—法理学—中国宪法学—中国法制史。

背诵计划安排：前期建议一本一本按顺序来背，以理解性的记忆为主，遇到晦涩难背的知识可适当运用口诀或顺口溜等技巧进行背诵。每天既要有新知识的记忆，同时也要有旧知识的回顾与复习。背诵的进度根据自己的能力安排即可，建议强化阶段至少背完一轮。

（四）刷题阶段（9—11月）

1. 复习规划

刷题阶段是最为重要的一个阶段。在这个阶段法律硕士专业课的学习要围绕背诵和刷题来进行。要进行三轮背诵，一轮重点背诵，两轮全面背诵。刷题包括做历年真题和模拟题，但是要以历年真题为主，模拟题仅仅起到查漏补缺的作用。另外在这个阶段，一定要建立错题本，记录做错的题，每日翻阅反省错误点，对提高分数非常有帮助。

2. 复习重点

（1）刑法学的重点在于一些易错的难点，比如因果关系的判断、共同犯罪、犯罪中止、罪数形态、减刑和假释、盗窃和诈骗的区别等。

（2）民法学的重点在于合同的效力判断、担保物权、合同违约、保证合同、夫妻财产关系、监护职责等。

（3）法理学的重点在于各个法学流派的判断、中国特色社会主义法学理论的论述。

（4）中国宪法学的重点在于公民权利的内容，国家机构的职责。

（5）中国法制史的重点还是在清末民初的立法、司法变革以及革命时期红色政权的立法、司法活动。

（五）冲刺阶段（12 月至考前）

1. 复习规划

冲刺阶段是知识点回顾阶段，在这个阶段法硕专业课的学习，要围绕错题和核心考点来进行。反复记忆重要考点，熟练掌握答题技巧，适时完成模拟试题，保持做题手感。此外，保持平稳的心态至关重要，要信心满满地上考场。

2. 复习重点

复习的重点是以往的错题和核心考点，做到错题不再错，通过反复练习，熟练掌握核心考点，完成考前密押试题。

第十节 翻译硕士备考攻略

一、考试说明

英语翻译硕士专业初试阶段一般考四门，分别是政治（100 分）、翻译硕士英语（100 分）、英语翻译基础（150 分）、汉语写作与百科知识（150 分）。211 翻译硕士英语考试内容见表 10-10：

表 10-10　211 翻译硕士英语考试内容

科目	考试内容	分值	题型结构
翻译硕士英语	词汇语法	30 分	词汇语法：单选题＋完形填空题＋改错题等
	阅读	40 分	阅读：客观题型或简答题
	写作	30 分	写作：议论文

357 英语翻译基础考试内容见表 10-11：

表 10-11 357 英语翻译基础考试内容

科目	考试内容	分值	题型结构
英语翻译基础	词语翻译	30 分	词语翻译：热词、缩略词、术语翻译等 段落翻译：文学类翻译、政经类翻译、科技类翻译、法律类翻译、古文翻译等
	段落翻译（英译汉）	60 分	
	段落翻译（汉译英）	60 分	

448 汉语写作与百科知识考试内容见表 10-12：

表 10-12 448 汉语写作与百科知识考试内容

科目	考试内容	分值	题型结构
汉语写作与百科知识	百科知识	50 分	25 个选择题 + 名词解释若干
	应用文写作	40 分	应用文写作（450 字左右）
	大作文	60 分	现代汉语写作（要求 1 000 字左右）

二、推荐参考书目

翻译硕士英语参考书目：

《英语专业八级考试精品范文 100 篇》，杜鲁门，外文出版社，2008 年 11 月版。

《英语写作手册：风格的要素》，威廉·斯特伦克，外语教学与研究出版社，2016 年 10 月版。

《美国大学英语写作》，兰甘，外语教学与研究出版社，2007 年 1 月版。

英语翻译基础参考书目：

《高级英汉翻译理论与实践》，叶子南，清华大学出版社，2020 年 5 月版。

《英汉翻译简明教程》，庄绎传，外语教学与研究出版社，2002 年 3 月版。

《实用翻译教程》，冯庆华，上海外语教育出版社，2008 年 5 月版。

三笔二笔官方教材

汉语写作与百科知识参考书目：

《自然科学史十二讲》，卢晓江，中国轻工业出版社，2007 年 1 月版。

《中国文化概论》，张岱年，北京师范大学出版社，1994 年 5 月版。

《不可不知的 2000 个人文常识》，王晓梅、张晶，中央编译出版社，2009 年 9 月版。

《公文写作教程》，白延庆，对外经济贸易大学出版社，2016 年 9 月版。

《汉语写作与百科知识》，刘军平，武汉大学出版社，2022 年 6 月版。

《汉语写作与百科知识》，跨考考研专业硕士研究院，北京理工大学出版社，2020 年 12 月版。

《中国文化读本》，叶朗，外语教学与研究出版社，2019 年 5 月版。

注：翻译硕士三门专业课参考资料需要结合各院校官网最新招生简章，不限于以上推荐。

三、全程复习规划

（一）导学阶段（1—2 月）

1. 复习规划

导学阶段需要了解翻译硕士考试特点，明确全年复习计划，进入系统复习状态。

2. 复习重点

导学阶段的复习重点主要是扩充词汇量并深度学习单词用法，初步掌握高频语法知识点，初步认知中英互译基本方法，并通过阅读外刊或六级、专四阅读文章来积累句式结构。这些措施有助于我们提高语言运用能力并为后续的复习做好准备。

（二）基础阶段（3—6 月）

1. 复习规划

基础阶段的复习是整个学习过程中至关重要的。我们需要配合学习计划，扩充词汇量，全面系统梳理语法框架，保持精读与泛读的阅读习惯。同时，要掌握百科高频知识点，并熟练掌握英译汉翻译方法及其应用。通过基础阶段的扎实复习，为后续的学习和考试奠定坚实的基础。

2. 复习重点

在基础阶段，复习的重点在于扩充词汇量，努力认知 10 000 个单词，并深度掌握其中 3 000+ 个单词。同时，梳理语法框架体系，确保掌握 53 个高频语法点，并能够默写讲义例句。需要精刷专四词汇语法 1 000 题，通过不断练习来提高正确率。

阅读方面，精读外刊以积累表达和句式结构，保证一定数量的泛读来扩充知识面。需要充分练习六级、专四、专八的阅读真题，注重质量和数量的双重提升。此外，需要掌握百科中国文史哲的知识点，通过刷题来检验自己的掌握程度。

在这个阶段，积累热词、缩略词、专业术语等英文表达也十分重要。熟练掌握英汉互译的方法，明确中英文的异同之处，学习最新的政府工作报告，以提升翻译技巧。

对于基础较好的同学（如六级达到 550+，专四达到 70+），可以尽早开始翻译练习，进一步提升翻译水平。而基础稍显薄弱的同学，可以先从翻译入门练习开始尝试，不必在此阶段花费过多精力。这样的策略有助于大家根据自身情况合理分配时间，为后续的复习奠定坚实的基础。

（三）强化阶段（7—8 月）

1. 复习规划

强化阶段的复习至关重要，我们要巩固强化上半年的基础，加强薄弱环节的练习。同时，学习英文写作的逻辑框架，积累丰富的作文素材，扩充百科知识面，保证翻译实战的质量和数量。通过强化阶段的努力，为接下来的复习做好充分准备。

2. 复习重点

在强化阶段，复习的重点在于进一步提升语言运用能力。首先，扩充认知词汇，努力达到 12 000 个单词的词汇量，并深度掌握 6 000+ 个单词，明确单词的用法与搭配。其次，提高阅读速度，通过大量阅读练习提升做题的准确度。此外，需要明确英文写作的立论方法，掌握论证逻辑与论证方法，并积累相关的英文写作素材。

在这个阶段，百科知识的扩充也十分重要，持续积累中外文史哲等知识，并紧跟新闻时事。通过刷题查漏补缺，明确常考应用文的格式与展开方式。同时，掌握汉语大作文的立论方法，明确行文展开方式，并积累相关的论证素材。此外，大量翻译篇章的演练也是必不可少的，明确各体裁翻译篇章的特点，学习政经类、文学类、法律等篇章的翻译技巧和方法。最后，积累热词、缩略词、专业术语等英文表达方式，为翻译和写作提供更多灵感。

通过强化阶段的复习，可以进一步巩固基础阶段所学的知识，提高语言运用能力，掌握更多应试技巧。为即将到来的考试做好充分的准备。

（四）刷题阶段（9—10 月）

1. 复习规划

刷题阶段需要进行院校真题训练和特殊题型训练，通过大量练习提高做题速度和准确度。同时，要注重时间控制和策略调整，熟悉考试流程和规则，为考试做好充分准备。

2. 复习重点

在刷题阶段，复习的重点在于明确目标院校的题型，并通过练习真题提升应试把握。要练习目标院校同类型的真题，通过大量的演练来提升能力。同时，明确各题型的做题方法，并将其应用于实战中，配合学习计划进行刷题演练。对于中英文写作，需要掌握立论方法和行文展开方式，并每周按照计划进行作文演练，从而自如把握立意的展开。此外，持续阅读是提高语言能力的重要途径，通过阅读积累输入，提升对语言的理解和运用。同时，进行各类型篇章的演练，提升译文的质量。通过这个阶段的复习，可以全面提升应试能力和语言运用水平，为考试做好充分准备。

（五）冲刺阶段（11—12 月）

1. 复习规划

冲刺阶段，我们要进行查漏补缺，全面梳理并反思复盘，发现自身的薄弱环节，并有针对性地进行强化复习。同时，要总结热点话题，把握考试方向和重点。调整心态，保持积极乐观的态度，增强信心，克服紧张和焦虑情绪。最后总体复盘，回顾整个复习过程，总结经验教训。

2. 复习重点

在冲刺阶段，复习的重点在于全面梳理和反思复盘，同时要进行视译训练，以提升翻译的速度。通过翻译课堂带练，进行实战演练，进一步掌握翻译技巧和方法。此外，需要了解全年的热点话题，熟悉并掌握各种模板，能够熟练套用各种素材。明确全年热点话题，并能够准确把握热点与考点的切入点。通过这个阶段的复习，全面提升应试能力和语言运用水平，为考试做好最后的冲刺准备。

问：志哥，您认为当下热门的专业，在未来还会继续热门吗？

　　当下热门的专业在未来是否仍然热门，这需要综合很多因素来看，不同的专业有不同的未来。

　　首先，我们需要了解热门专业形成的原因。热门专业的出现往往与市场需求、经济发展、人们的消费观念和国家的政策方向等有关。例如，信息技术、医疗、金融、教育等专业由于其广泛的应用领域和良好的就业前景，一直受到考生的追捧，长远来看是经久不衰的。其次，需要注意的是，热门专业并不意味着未来也一定热门。有些专业可能在当下很热门，但是由于市场趋于饱和、行业变革等原因，未来的就业前景可能并不如人们所预期的那样，比如十几年前火热的土木工程专业。哪怕是今天火热的计算机专业，也有人开始不看好它的未来。考生在选择专业时，不能仅仅考虑专业的热门程度，还需要结合自身的兴趣、才能和长期职业规划来做出决策。每个考生都有自己的特长和兴趣领域，如果能根据自己的兴趣和优势选择专业，学成之后同样可以找到好工作。最后，需要强调的是，无论选择什么专业，都需要不断提升自己的能力和素质，尤其是任何时间地点均可以重启系统的应变能力。未来的就业市场是日新月异的，只有不断学习和适应变化，才能在竞争中立于不败之地。

扫描上方二维码
获取更多复习经验

考研无界 梦想跨越

4

经验分享

CHENGLA

第十一章
志哥的"跨考"故事

永远不要低估自己的能力，你拥有的潜力远远超出你的想象。

在笔者写这本书的时候，尤其是写到跨考经验的时候，曾无数次回忆那些逝去的时光，30多年前童年的经历，仿佛就发生在昨天：那些在炎炎烈日下帮父母干农活的日子、那些屋漏偏逢连夜雨的点滴疾苦、那些突如其来的意外……这所有的一切，让我的内心久久难以平静。过去的几十年人生就像一部老电影，在我面前徐徐展开……苦难对我来讲，是生命里无法避免的伤痛。我不曾做过什么惊天动地的大事，我只是一个普普通通的农村孩子，一个有幸被教育拯救的寒门学子。

一、在希望中欢呼，在苦难中坚持

我出生在江西吉安的一个普通农村家庭。我是家里的老大，下面还有一个弟弟和一个妹妹。从我记事的那天起，我的视线里就是父母每天面朝黄土背朝天的身影，他们省吃俭用供养我和弟弟妹妹上学读书。

在上大学之前，我没有去过除老家县城之外的任何地方。小时候唯一能供我玩耍的就是家里的几亩田地。那时候，六户人住在一栋房子里，一到下雨天家里就漏雨，妈妈不得不拿好几个盆去接，我就这样听着房梁上的雨声一天天长大。虽然家里很穷，父母更是初中也没毕业，但他们却一直非常重视读书这件事，拼尽全力送我去上学。6岁那年，我开始上小学，成了村里年龄最小的学生，但为了帮父母减轻负担，我每天上完学就赶快回家，帮他们种地。穷人的孩子早当家，我想每一个出身农村家庭的孩子都有深切体会。后来，我顺利考入了县城的初中，但从小自卑的我一度无法适应新环境——羞于向老师开口请教，经常自己一个人坐在角落里，成绩也一直是班里垫底。那时候，我觉得自己天资愚钝，前途渺茫，未来的人生没有任何希望。图11-1为上学期间全家合影留念。

图 11-1　上学期间全家合影留念

就是这样还算平静的生活，却在一个下午被彻底打破。那天，我和往常一样放假回家，没进门就发现家里围了很多人，我突然心跳加速，好像预感到了什么，走进房间，发现母亲趴在床前泪流满面，父亲躺在床上一动不动。那一刻，我感觉自己快要窒息了，整个人呆在原地，心口堵得厉害，以至于完全说不出话。我不知道父亲的离世对我来说，对母亲来说，对这个家来说到底意味着什么。这一切就像晴天霹雳，我不敢、也不愿回忆那天全家人是怎样度过的……只记得那一年，我第一次体会到了"生离死别"。那段时间，我和母亲一起处理完了父亲的后事。家里的巨大变故让我在一夜之间长大，在熬过了无数个难眠的黑夜后，我开始逼自己在痛苦中振作起来。

父亲去世后，家里断了唯一的经济来源，弟弟妹妹全都在读书。长兄如父，为了给家里希望，我告诉母亲我一定会赚大钱。于是，我开始想着如何赚钱帮家里减轻负担，我尝试过卖冰棍、收破烂，但均以失败告终。经历了一次次失败的我，在母亲的引导和鼓励下，开始努力学习。我不再任由自己的成绩一塌糊涂，我开始主动向老师请教，每天除了帮母亲照顾家庭，其他所有的时间都用来学习。很快，我的成绩有了明显提升。初三那年，我顺利考上了重点高中。高中三年，我变得更加拼命，因为我知道没伞的孩子在雨中只能拼命奔跑，我知道我身后还有家人要照顾，我更知道高考一定是我走出大山唯一的机会！我不敢松懈，竭尽全力往前跑。终于，17岁那年，我以高考628分的成绩成功考入北京航空航天大学（图11-2），跨出了我人生中极为重要的一步。

第一次离开家乡来到大城市，没有见过高楼林立的我，在学校里经常迷路。由于普通话不好，我不敢问路，路过的学姐主动帮我找到宿舍，我却连谢谢都不敢说出口。当时为了赚学费，我白天上课，课后就去做兼职。记得当时为了节省一元钱，我骑车数十公里去做家教。大学四年，我一边养家糊口，一边憧憬着自己的未来。

图11-2 入学后与母校的第一次合影

2004 年，我本科毕业了，名校光环似乎给了我一份安全感，满怀希望的我一心想找一份高薪的工作，然而就在我以为终于可以兑现自己对家人的承诺时，却被现实狠狠地扇了一耳光：四处投递简历，最后却只有一家污水处理厂开出了 800 元的月薪。加上本科专业环境工程并不是我的兴趣所在，于是，心灰意懒之下，我做出了人生中最重要的决定——跨专业考研。

二、我可以，我想让更多人也可以

因为是跨专业考研，所以专业课资料和各类真题成了我的头号难题。为了拿到一手资料，不善交际又自卑的我硬着头皮主动去求学长学姐帮忙，买别人的学习笔记，到处打听蹭课，历尽波折。最终，我以 390 分专业第一名的成绩考入北京航空航天大学土木工程系。

从备考到上岸，我必须承认考研让我的人生再次跨上了一个新的台阶。我结识了很多非常优秀的前辈，他们改变了我的认知和格局。我看到了一个更广阔的世界，看到人生更多的可能性，这已经不是单纯的学历提升，而是整个人脱胎换骨的蜕变。也是这样的经历，让我再一次深切感受到知识对普通人的重要性！

这次成功跨专业考研的经历也让我成了学校里的风云人物。慢慢地，竟然有很多同学主动向我请教、咨询跨考的相关问题，希望能从我这里获得经验。也是在这个时候，我产生了一个大胆的想法：创业。我想通过自己的跨考经历帮助那些同样想跨专业或跨校考研的普通学生，让他们有方向、有方法、不踩雷。

于是，2004 年研究生刚入学的时候，我向亲戚借了 6 000 元开始创业。为了帮助更多的跨考生，我和舍友一起创办了一个跨考学习网站（图 11-3），从为跨考生提供考研专业课真题资料开始，正式踏上了服务考研人的道路。刚开始，我们的网站只有几个人访问，到后来，越来越多的人慕名而来，我们服务的人数也直接突破了 1 万人。这些人里有 70 岁的跨考奶奶，有通过考研逆袭成为小米高管的五线城市普通女孩等。

基于此，我有了帮助更多人的想法：我想抓住时代的风口，我想通过互联网＋教育的力量，通过科技和文化帮助更多普通学子通过知识改变命运，让更多的年轻人享受到优质的教育资源，少走弯路。

图 11-3 读研期间创办"跨考网店"

三、让互联网+教育的光照亮平凡

2007 年，研究生毕业的我放弃了留校机会，选择继续创业。跨考的故事还在继续，我决定帮助更多的跨考学生。

经过了几年的摸爬滚打，无数次"九死一生"，我迎来了事业的第一个高峰：2015 年，我创办的第一家考研教育机构"跨考教育"在 A 股上市，年服务学员 10 万余人，同时也成了职教领域第一个登陆 A 股的教育机构。2016 年，我创办了"华夏桃李资本"，先后运作 70 余家企业融资并购，并投资 20 余家在线教育企业。其间，我被选为北京市海淀区政协委员、互联网教育商会会长，2009~2011 年先后荣获"中国教育十大领军人物""中国十大杰出教育家"等荣誉称号。我很开心得到社会各界的认可，但我知道这些光鲜亮丽的头衔都不是我的梦想，我的梦想是帮助中国的年轻人。不管他们是来自农村还是城市，我都希望能够帮助他们通过学习改变命运。

我想打造一家聚焦年轻人职业发展的在线教育公司，通过互联网的力量，帮助每一个普通的年轻人在人生的十字路口快速找到方向，找到最适合自己的路。深思熟虑后，我做了人生中另一个重要的决定：联合"华夏桃李资本"孵化"橙啦教育"。

2018 年，"橙啦 APP"上线，服务了首位学员。2019 年 2 月，橙啦推出考研训练营，实现单日一千名学员报名。2019 年 5 月，橙啦考研成立"SAP 全科全程训练营"，旨在一站式解决考研人所有的问题。2020 年 3 月，橙啦迎来第 100 万名学员，这是橙啦第一个百万里程碑！2022 年 9 月，我提出了"SPA"的概念，将"橙啦考研 SAP"全面升级为高端定制考研课程——"橙啦考研SPA"，旨在帮助每一位考研人定制专属于自己的一站式上岸方案。

在"橙啦考研 SPA"产品发布会上，我说："扩大学员规模不是我们的目的，提高学员上岸率才是橙啦坚持的事。我们不仅希望解决学员考研的问题，也希望成就学员的梦想。"我始终认为，互联网教育应该为教育的包容性和学习的生涯化打开一扇窗。帮助学员获得更高的学历，实现更好的职业发展，是橙啦不变的追求。图 11-4 为橙啦考研 SPA 产品发布会现场。

图 11-4　橙啦考研 SPA 产品发布会现场

四、用爱播撒，用心抵达

2019 年，我创办了"橙啦大爱奖助学金"，坚持公益助学。橙啦先后资助江西、内蒙古等地多个学校，帮助多名贫困学生考入大学，并在北京理工大学等高校设立专项奖助学金，为线上学员及高校设立百万级奖学金，助力寒门学子深造学习。

疫情期间，橙啦人勇担社会责任，联合各大主流媒体平台，为全国高校学子赠送了价值 1 388 万元的优质正价课程，累计帮助 54 万名学子在家完成了充实的备考学习。2022 年 11 月，我以橙啦的名义向江西吉安捐赠了总价值 698 万元的橙啦幸福智慧父母课程，为那些因贫困而无法享受到优质教育资源的家庭提供帮助。

我始终坚信，每一次公益都是一场爱的播撒，每一份认可都是一种爱的收获。从千里之外的北京走向大山深处的乡村，从直播间里的连麦互动走进1 022万学员的内心深处，每一次出发我们都用心抵达。多年以来，橙啦在这场爱的接力赛中不断耕种，在移动互联网时代搭建起一个专业靠谱有温度的平台，如春风化雨般滋养着、浸润着每一位学员心田。图11-5为2023橙啦高分学员颁奖典礼。

图11-5　2023橙啦高分学员颁奖典礼

五、有事做、有人爱、有所期待

2022年是我进入教育行业的第20个年头，过去的20年，是不断改变、锐意进取的20年，是迎难而上、急流勇进的20年。我和这支充满着战斗力和凝聚力的团队一起，一次次浴血奋战，一次次倒下又重新爬起，用心服务每一位选择信任橙啦的学员。我想，这是一个创业者该有的模样，更是教育人矢志不渝的坚守和信仰。

2023年，我即将迈入40岁的门槛，进入不惑之年。但我想，我的初心未改，我的梦想依旧在！未来，我会带领着橙啦团队继续满怀梦想，砥砺前行。我们会坚持"通过科技和文化让职业教育更美好、让家庭更幸福"的使命，坚持"用户第一、追求极致、开放创新、协作成长"的价值观，努力成为年轻人最信赖的学习与成长平台，努力让更多的学员认识橙啦、了解橙啦，在橙啦收获改变和成长！

我是张爱志，一个标准的小镇做题家，一个在人生路上不断跨越的创业者，一个用良心和生命做教育的老师，一个永远热泪盈眶的少年。这是我的故事，也是橙啦的故事，故事里有你、有他、有未来、有希望！愿跨考的你，披荆斩棘，一战上岸！图11-6为中国职业教育峰会论坛（广西）。

图11-6 中国职业教育峰会论坛（广西）

问：志哥，您在大学时期就开始创业了，关于大学生创业您怎么看？

　　我在读研期间开始创业，主要还是因为生活所迫，属于"无经验、无资金、无人脉、无方向"的四无青年创业。那时经历了漫长的彷徨、焦虑的痛苦期，还好在大学校园内起步，办公各项成本不是太高，最终熬到了研究生毕业。全职创业后面临管理、人员、恶性竞争等复杂局面，用"九死一生"来形容都算轻描淡写，无数夜晚泪流满面，接近崩溃边缘。所以我一直不鼓励大学生盲目创业，特别是因追随某个偶像或跟风就投入创业、为了创业而创业，尤其为了一夜暴富而创业，一般结果也不会太好。

　　但我鼓励大学生在校园环境里"低成本"创业，比如兼职创业，或者跟随导师等大牛创业，以锻炼个人能力、积累资源为目的；无论未来是否创业，个人能力的成长、资源的积累都是永恒的人生财富，创业精神也是我们动力的源泉。

　　当年我硕士毕业放弃留校、在北航基建处继续自己"包工头"的确定性梦想，选择继续做考研专业课到考研辅导的不确定性梦想，一是因为我在大学期间实习、创业锻炼了自己的能力，还完了贷款，攒下第一个一百万，有了资本；二是经过读研阶段的创业实践后，我确信了创业就是我人生最喜欢的梦想，即使道路坎坷、充满不确定性，我也愿意为了创业一往无前。直到现在，我仍然把创业当作一辈子的事业，继而创办桃李资本帮助年轻人创业，创办橙啦帮助年轻人在 AI 时代更快成长、成功。所以大家可以问问自己是否真的喜欢创业、热爱创业，如果是，那么从大学阶段开始"低成本"轻创业是很好的开始。

第十二章

SPA学长学姐跨考经验分享

只有敢于追逐梦想的人，才能实现自己的价值。

志哥加油站

NO.1 "三跨"初试第一上岸中国人民大学，青春的意义正是勇敢向前走！

姓　　名：施瑞恒

考研总分：409 分

本科学校：武汉大学—土木工程

考研学校：中国人民大学—马克思主义发展史

报名课程：[政英一] SPA 春季领跑班

扫描二维码获取
跨考经验分享视频

一、自我介绍

各位学弟学妹好，我是 2023 年考研的一名学长，我叫施瑞恒，很高兴能

注：本章经验分享均已征得学员本人授权，不涉及任何侵权行为。

给学弟学妹们分享一些自己的"三跨"经验。我本科就读于武汉大学，学的是土木工程专业，跨考的是中国人民大学的马克思主义发展史专业（跨度比较大，哈哈）。为了专心跨考，我放弃了找工作，也放弃了考公、考选调。所以如果考不上研究生，我可能就直接去工地了。

二、初试备考经验分享

（一）择校经历

关于我为什么选择这个院校以及专业，总结起来就是向往更高的平台，并且希望奔赴所爱。我想从以下四点来谈谈我当时的考虑：

首先，结合了自己的兴趣爱好以及自身优势。我大学期间参加过暑期实践，去乡村调研过一些基本情况。其次，我结合了自己的特点。相较于工程设计、演算，我其实更喜欢阅读与思考，个人感觉在数学和背书上花同样的时间背书会得到更大的成果。再次，我结合了自己未来的职业规划。我本科期间做了较多的学生工作，未来也打算留在高校或者考公务员，那么客观来讲，选择中国人民大学马克思主义发展史专业就是个"最优解"。我也跟一些学长学姐以及老师家长进行过交流，自己也想去首都长长见识，希望能有更多时间去全面提升自己的综合素质，培养一些其他方面的技能。最后，结合自身能力以及院校考情分析。在这里我要感谢橙啦的一对一择校辅导老师，感谢老师为我提供的准确数据，我根据自己的能力以及备考时间，最终决定挑战一下中国人民大学的马克思主义发展史专业。

（二）各科备考方法

我把自己的备考过程大致分了四个阶段：3—6月的准备阶段，6—9月的起步加速阶段，9—12月的关键阶段，12月—考试的冲刺阶段。下面详细给大家介绍下各科复习的进度和节奏。

1. 英语

英语学科的特殊性，决定了它是我备考开始最早、也是周期最长的一门课。从 3 月一直到考前，从没有落下的就是每天背单词。因为一直以来，我的英语基础都不算很好，我从 3 月开始跟着橙啦的英语课程背完了 926 词汇，然后是长难句、段落结构。同时，我一直都在跟橙啦的晨读。这些都帮我在整个考研周期中找到了一个很舒服的"作息规律"。特别说一下，单词很重要，单词不过关，后面阅读真题会很崩溃，而且浪费真题，进而浪费宝贵的时间，还会影响心态。

到起步加速阶段后，除了每天跟着橙啦的课程刷阅读以及背诵单词外，我也提前开始了自己英语作文的备考，个人感觉 12 月冲刺再开始背作文是比较吃力的。我作文跟的是橙啦的英语作文课程，暑假期间英语课程的作文课差不多一周两三次，是比较"有趣"的，所以很多时候我准备专业课累了就会听一节作文课。

到 9—12 月这个关键阶段后，英语复习的节奏其实并没有变化——每天刷题、背单词。只不过这时期我开始跟着橙啦的英语课程准备翻译、新题型等其他题型了。这个阶段做英语真题更注重总结归纳，如果错误率还是很高，则必须开始思考怎么在"应试"中提高正确率了。

再到最后的冲刺阶段，我觉得在之前的基础上，还必须增加的一项日程就是留两套真题用两个下午进行模拟，因为至少对于我来说，复习英语的时间真的很紧。我也参加了橙啦组织的真实"考场"模拟考试，并且不断调整，最后确定了自己的做题顺序。

2. 政治

相比于其他同学，我在政治上面花的时间不算多，我一直都有坚持刷选择题以及往年的真题。刷真题能更加熟悉真题的出题风格，像今年还考了一些类似的原题。对于大题我会通过一些软件听一些报道和讲话原文，积累了一些自己的专业话术。橙啦政治老师在政治课上也说过话术很重要。答题的时候一定要结合材料来说，不能只有知识点，然后根据自己背的框架、内容或者模板答题。

最后很感谢橙啦政治老师的帮助，让我花在备考上的时间都比较高效和"值得"。橙啦的政治老师带我每月梳理时政，老师会讲一些人生哲理，课上带着刷题、梳理重点。老师还会给我们唱歌，给了我很多精神力量。复习过程中公众号上的每日一测，对我专业课备考也有很大的帮助。

3. 专业课

因为不考数学，所以会多出来一门专业课，其实也就是大家本科阶段学的"马原"和"毛概"的升级版。中国人民大学很注重时政，所以必须用心去准备时政。而且中国人民大学马克思主义理论的题量非常大，所以一定要练习写字速度。

（1）专业课一：619—马克思主义理论综合

"马原"这门专业课几乎马克思主义学院的专业都会考到，或者说考查内容接近，备考的时候甚至可以用其他院校的真题练手。我当时也看了武大马克思主义学院"651—马克思主义基本原理"的真题，一来能拓宽答题视角，二来是积累一些论点，如果考场上脑子里能闪过看过的东西，觉得合适就直接写上去，多写一些也不会扣分。

（2）专业课二：844—当代中国马克思主义理论与实践

这门专业课的考查也是契合了中国人民大学马克思主义理论注重时政的特点，也就是大家所讲的"毛概"。这门专业课到了后期备考中你可能会发现，自己甚至能猜到一些大的考查方向，但是其实也没有什么用，因为猜到题不代表能在考场上写出来。所以重要的是积累相关的话术，这点在备考中也同样适用，我当时就是几乎每天有时间就会听一些文章、新闻。

而这两门专业课的核心资料其实就是本科阶段大家学的"马原"和"毛概"，我第一轮备考就是把这两本书背了一遍，在脑海中大致梳理了这两本书的框架。今年又出了2023年版的教材，所以大家还是得买一本最新的教材拿着背。

此外，网上还推荐了一些其他的参考教材，像《马克思主义哲学》《科学社会主义理论与实践》等。这几本书我都没有背诵，我也只建议大家可以在3—6月这段时间去好好读一读就行，或者在第二轮背诵的时候，发现对某些知识点逻辑有点困惑的话，可以带着问题再去看这些参考教材。不建议背是因为备考的时间和精力都是很有限的，尤其是开始一轮又一轮背诵专业课后，"马原""毛概"两本书就已经很让人头疼了，几乎每个人都要经历"背了又忘，忘了又背"，更别提还有时政的内容了。我们能做的就是抓住最主要的，掌握"二八原则"，扎扎实实把两本专业书吃得透透的，在这个基础上可以进一步拔高，而不是先抬得过高，再来打基础。

（三）备考中踩过的坑

1. 专业课背诵要不要一字不落？现在我可以明确给出答案：不用

我暑假开始专业课的第一轮背诵，因为我是跨考，很多东西是从零开始，加上暑假有两个实习工作，我 9 月回学校的时候也还没有背完第一轮（当时也真的很焦虑）。而且这三个月时间跨度也很久，很多东西背了也已经忘得差不多了，会感觉每天在做无用功，看不到成效。当时背书慢并且成效不好的一个原因就是"病态的完美主义"，我甚至背错一个字都会转回头去重新背，但是其实最后那些评卷人看你答题内容时，几乎就是一扫而过，他们主要看你的答题思路和逻辑。导师招人是来做科研的，不是找背书机器。

2. 找的资料越多越好？现在我也可以明确地告诉你：没有必要

我当时初试前确实找了很多的专业课、公共课资料，但是最后真的没有用，因为很多东西自己看都没看过，还耗费了精力去搜罗，其实只需要踏踏实实背两遍专业书打打基础。

三、复试备考经验分享

2023 年考研复试由于改成了线下，所以复试占比调成了 50%，但是从最后的结果来看，初试分数相对高并且复试"有准备"的人，最后基本都被录取了。和初试一样，中国人民大学没有公布复试参考书目，但是考马克思主义发展史肯定就是要侧重原著，这是毫无疑问的，所以把马工程版的《马克思主义发展史》前面原著的相关内容背一下会有很大帮助。复试时，所有考生会被集中到一个大教室候考，并根据抽签结果依次由志愿者带到指定教室面试。考生中文自我介绍后会现场抽专业面试的题，老师再根据你的回答问其他问题。然后再抽口语问题，和专业课问题一样，只不过老师一般不会再接着问很多问题。接下来有笔试，但是内容比初试简单很多。复试成绩主要还是取决于面试，特别是你展现给老师的专业能力素养，如答题逻辑、原著知识等。综合素质的话，只要你不是紧张到一句话说不出来，大家应该都是一样的。

四、想对学弟学妹们说的话

很多同学考研前都想知道"卷不卷"，其实近几年考研、考公竞争日趋激烈，没有哪条路是好走的，或者说轻而易举就能成功的，所以"卷不卷"其实不太好定义。数据显示或者说反映出来的也不一定就是真实情况，反而给自己带来焦虑。面对这一切的不确定，我们唯一能确定的也许只有"自己"。那就找到自己最好的状态去准备、去大胆向前走就行了。很多同学会怀疑自己的努力是不是会白费，会不会努力一整年最后只是竹篮打水一场空。将橙啦英语老师的一句话送给大家："如果你焦虑，就去努力吧，只要你学到东西了就不会焦虑了。"当然也不用拼了命地折磨自己，保持规律的作息就行，不用每天早上6点起来学习，只要能保证每天学的10个小时非常高效就足够上岸了。如果你也和我一样，选择了跨考，那就鼓起勇气，把一切推倒重来奔赴所爱，在接下来这一年做一个"无言的苦行僧"，请相信终会有属于你的顶峰相见。如果你也像曾经的我一样，害怕失败后一无所有，那也请记住：没有什么能定义你的人生，只有你自己能决定你的未来。

NO.2 "二战考研"涨 80 分！复试逆袭，我终于圆梦厦门大学！

姓　　名：吴宇宸

考研总分：361 分

本科学校：大连海事大学—轮机工程

考研学校：厦门大学—车辆工程

报名课程：SPA 半年集训

扫描二维码获取
跨考经验分享视频

一、自我介绍

哈喽，大家好！我叫吴宇宸，本科就读于大连海事大学的轮机工程专业，2023 年以初试 361 分成功上岸厦门大学的车辆工程专业。接下来，我给大家分享一下我的初试和复试备考经验。

二、初试备考经验分享

（一）各科备考方法

1. 英语科目

英语这门科目，还是稍微吃点基础，基础比较好的同学肯定会有优势。我单词是背的《考研词汇 926》，然后跟着橙啦英语老师学的写作。我认为英语复习的任何技巧都脱离不了单词，所以要为自己规划好每天背单词的量。单词可以早上背，晚上睡觉前再回顾一下。除了单词，语法也很重要，翻译还是占一定分数的，但考研英语的语法相对还是比较基础的，对于英语语法不熟的同学，建议去看看相关课程。当然考研英语最重要的还是阅读，我强烈安利大家去看看橙啦英语老师的阅读课，把阅读的逻辑讲得十分清楚，可以选择先看完课再去刷阅读，会有不一样的收获。另外，阅读一定要多练，练了就知道题目会在哪里设陷阱，也知道出题规律，总之阅读的本质是逻辑，但阅读的基础是单词。

2. 政治科目

对于政治科目我没太多要说的，跟着橙啦的政治全程班按部就班地复习就行。个人觉得看他们的基础课是有必要的，看课也算是让自己在忙碌的时光里放松放松，又能学到知识还能心情愉快。后期一定要多练选择题，得选择题者得天下，毕竟简答题大家应该都答得差不多，拉开分的就是选择题，所以基础也是很重要的，对知识点熟练才能做对选择题。

3. 数学科目

对于数学科目我就是跟着橙啦数学的全程班，我觉得橙啦的班课适合大多数人，讲的知识点很全面，而且讲得通俗易懂。数学一定是练出来的，我做了好几本题库。大家复习时最好把错题标记出来，每周都留一天去回顾一下，把错题反复练习，这样才能把不会的知识点掌握。

4. 专业课

我专业课考的是工程力学，本科的时候成绩就还不错，刚开始复习的时候就想着看看课本、刷刷课后习题就行了，但后来发现远远不够，于是我就报名了橙啦的专业课全程班。本来我以为我掌握得还不错，但听课的时候还是发现好多题目不会，老师的讲解让我茅塞顿开。相比较来说，机械原理偏做题，只要能掌握各种知识点，知道计算方法，会算就问题不大；机械设计是由橙啦的学姐讲的，学姐是个很负责的老师，她讲题十分有耐心，也很细致，机械设计是偏理解的学科，里面很多概念以及参数都得串联起来理解，学姐把每个章节的知识点都讲到了，最大限度地帮我复习了这门专业课。

总结一下，专业课如果需要，建议还是花点费用去报个辅导班。有的人会觉得网上的一些老师讲得也不错，这我不否认，我以前也在网上看视频学，但总觉得缺点什么，最终体验下来，还是觉得报了橙啦的课程后，系统学习更有收获，效率也更高。

（二）学习中踩过哪些坑

我想重点说一下心态问题，我个人是焦虑体质，去年有好几次焦虑到通宵失眠，有段时间要每天喝安神补脑液才能睡得着，后面恶性循环导致每天效率都极其低下。同样也是焦虑体质的学弟学妹，请务必要保证足够的运动量和休息时间，身体才是一切的本钱，休息好了，学习效率自然就提高了。千万不要怕自己会一躺下就起不来，如果真的想考上梦寐以求的学校，你的上进心和焦虑体质会不断地催促你去看书。

三、复试备考经验分享

最重要的就是复试！因为我初试成绩真的很差，其实当时差点不想去复试了，是抱着一丝希望咨询了学长，如果不是学长的帮助，我现在估计已经在厂里上班了。而且那时候模拟面试还是学长让我不要放弃，爱拼才会赢，再次感谢学长！因为 2023 年是线下复试，所以我主要把精力放在面试上。面试最重要的就是自我介绍和 PPT！

（一）自我介绍

自我介绍会有英语系的学姐手把手帮你修改，你要做的就是把学姐修改之后的自我介绍背得滚瓜烂熟，在自我介绍的时候一定不能卡壳，要表现出你很自信的样子！问了好几位学长学姐，他们都说老师喜欢自信的、精气神好的学生，同时面试时可以穿得稍微正式一点，可以选择素色的衬衫或者针织衫之类的，不一定非要穿西装，自己觉得怎么合适怎么来，要是穿了一件很不合身的西装，你自己尴尬，老师看了也不会喜欢的，当然穿得好看也不一定加分。

（二）PPT 部分

一般每份 PPT 都会经历 3 次大改 +2 次模拟面试，跟着学长的脚步走就可以了，机电系的 PPT 是中文即可，飞行器系需要英文版，具体看各个系的具体安排，模板严禁花里胡哨！但如果是参与不多的比赛慎重写，要写也得把这个比赛涉及的专业知识了解透彻，当时我写了一个专利，自认为准备得很充分，结果老师问了一个非常基础的问题，我愣了好久都答不出来，场面一度十分尴尬，所以一定要在保证真实的前提下尽量往多了写。

（三）模拟面试

模拟面试是复试班的精髓所在。两轮模拟面试，第一轮有 5 个学长学姐一起多人面试，其中还有一个博士，第二轮是学长的单独面试。模拟面试很大程度上帮我克服了临时面试的怯场，学长问的专业课问题和针对 PPT 的问题，风格和正式面试老师问的很像！甚至学长问的问题更严格一点，正式复试老师问的问题还是挺基础的，不会为难你。但前面也说了自信很重要，锻炼的就是心态。我好几个朋友都是私底下侃侃而谈，正式面试时结结巴巴，所以面试这一块一定要多加练习！模拟面试之后按照学长给出的建议配合 PPT 的修改，我去年就是这块做得极其认真，可能这就是复试逆袭的原因吧。

四、想对学弟学妹们说的话

非常感谢您阅读到这里。以上经验纯属一家之言，希望能给您带来一些启发和乐趣。如果我的经验能够为您带来帮助，我会感到非常高兴。愿每位有梦想的学弟学妹都能成功实现自己的理想，迎接美好的未来！

最后，祝各位学弟学妹守得云开见月明！

NO.3 初复试双第一，双非一战上岸！ 努力才能看到希望！

姓　　名：张子航

考研总分：410 分

本科学校：安徽工程大学—人力资源管理

考研学校：西南政法大学—公共管理

报名课程：[政英一] SPA 寒假领学班

扫描二维码获取
跨考经验分享视频

一、自我介绍

各位小伙伴们好，我是 2023 年考研 SPA 全程班的张子航。我本科就读于安徽工程大学人力资源管理专业，以初试专业排名第一、总分 410 分成功上岸西南政法大学公共管理专业。其中初试英语 73 分，政治 78 分，专业课一（公共管理）127 分，专业课二（综合考试）132 分。复试中笔试 129 分，面试 130.8 分，最后以专业第一的成绩被西南政法大学录取。

在备考的这一年间，感谢橙啦各位老师的真诚付出，也非常感谢考研过程中给予我帮助的同学、老师和学长学姐。我希望能够将对于考研的一些浅显理解以经验帖的方式分享给接下来要考研的小伙伴们。

二、初试备考经验分享

首先我想让大家抛开一系列具体的问题和残忍的数字，去思考一个问题：我们为什么要考研？周边同学们都在考研，所以我也想要试一试，要不然就不合群了？父母、家里长辈希望我考研，逼不得已去报名？抑或是追求更高的学历，在硕士毕业后找到更好的工作？但就我看来，无论是"跟风"、父母的期望还是文凭学历，都算得上是正常的缘由，但绝对难成动力，更谈不上信念。现实生活中也有很多学弟学妹问我各种问题，接下来与大家分享一些我的经验吧。

（一）考研时间规划

我觉得寒假就需要开始准备一些考研的基础工作了，比如浏览想考的院校、专业，购买一些考研书籍，3月份最好就能把院校和专业确定下来，最迟也要在暑假开始之前。

1. 考研前期（2—4月）

可以着手背单词，看一些长难句，保持每天学习的好习惯，不用担心自己琐事太多，因为这个阶段你需要做的就是打好基础和养成习惯。

2. 考研中期（5—9月）

需要将主要精力放在数学和专业课上，我没有考数学所以没法提供数学方面的建议，专业课在这个阶段至少需要背一遍，有余力可以背两到三遍。从我的经历来看，专业课第一遍是记不住什么东西的，甚至第二、第三遍知识都难以入脑，所以千万不要焦虑，到了最后这些知识会成为你身体的一部分，以分数的形式显现出来！

英语可以开始练习真题了，切记是真题而不是模拟题，每天可以做一篇阅读，有余力可以做其他的题型，但最好不要一次性做太多，真题做完就没有了，所以一定要做精、做透、做全，把真题里的词汇收集起来，丰富自己的单词储备。

3. 考研后期（10—12月）

最后的冲刺阶段，首先一定要保持良好的心态，我身边很多同学都在这个阶段相继放弃，无论是什么原因都是不划算的，每天按时作息，吃好喝好，以最好的状态迎接最后的两个月。在这个阶段，时间会变得很紧，主要是巩固和查漏补缺，就是把你怎么都背不会的一直背，会的继续巩固，看到框架脑子里就能浮现所有的知识点。

这个阶段的重心还是在专业课上，需要结合真题去巩固知识点，还需要专注时政，了解当下学科热点，总结一些答题思路。同时要开始专业课模拟，可以两周模拟一次，这样做的好处是提前适应时间和题型，确保能够在 3 个小时内较好地完成专业课考试。

（二）考研报班的重要性

如果经济条件许可的话，报班不失为很好的选择，因为报班能够最大限度地节省你到处找资源的时间，也可以让你更加系统地安排不同课程的学习。最重要的是，你有了另一个督促自己的理由：钱都花了，不学怎么行呢？

（三）每天的学习时间

学习时长根据不同阶段来调整，前期可能会有很多琐事，能保持最基本的学习时间即可。后期 9~10 个小时都是正常时间。但一定记住一点：不管一天的任务有没有完成，不要熬夜！不要熬夜！不要熬夜！身体是革命的本钱，保持良好的睡眠对于一天的学习十分重要！

（四）专业课学习从什么时候开始？有没有必要找学长学姐？

建议从 5 月份确定好院校和专业课就开始。学长学姐一定要提前去联系，他们是能够直接给你提供院校信息和考研实际情况的信息源，在复试的时候也能够为你提供导师联系方式和复试经验等，所以直系学长学姐的重要性不言而喻。

（五）政治 10 月份开始来得及吗？

我觉得，政治一定要趁早开始！我曾经也听从同校学长学姐意见，准备 10 月份再开始着手学习政治，但报班后 2 月份就跟着老师开始学习基础的知识框架、接触政治热点，后面按部就班就好，也没必要投入大量的精力去学习。因为你有了基础知识的打底和底层逻辑的加持，相对于 10 月份才开始会更轻松、更游刃有余。并且对于我来说，其他试卷答案的逻辑性完全对不上我的背诵思路，所以我索性就只背诵橙啦的答题模板，最后的成绩也还不错。

二、学习中踩过的坑

（一）只听课不做题

在听完课之后一定要及时做题巩固，不能因为害怕自己正确率低就迟迟不敢下笔去做，应该积极寻找自己的问题所在，将听课与做题时间比例分配好。

（二）自我感动

考研复习过程中很容易出现自我感动的现象，比如"我都学了这么长时间了，休息一天吧，他学得还不如我都在休息，我也休息休息吧"，切忌这种懈怠心态，一旦形成就会成为常态，时间在不知不觉中就被浪费殆尽了。

（三）不做总结

阶段性地回顾错题和总结知识点是十分重要的，做题要做到做一题会一题，而不能只看做题的进度而对错题置之不理。建议每周花 1~2 天时间专门用来整理和回顾错题。

（四）盲目比进度

每个人的学习习惯、考研目标和基础知识掌握程度不同，因此学习的进度和效果一定会有参差。我们可以向他人学习高效的学习经验和方法，但非常不建议和身边的人盲目比较进度，这不仅会严重影响你自己的复习节奏，还会打击你的学习积极性，按照已制订好的切实可行的计划，按部就班地去做，一定会取得好的成绩。

三、复试备考经验分享

其实在备考初期谈复试还为时过早，但在 12 月初试结束后，如若感觉自己考得还不错或者说有希望进复试 / 过国家线，就一定要准备复试的相关事宜了。

比如确定笔试范围，联系心仪导师，练习复试百问百答，等等，机会总是留给有准备的人，多提前准备一天就有更大的希望。

四、想对学弟学妹说的话

最后我想说，我们选择考研这条路，不是因为有希望才努力，而是因为努力才有希望。

希望准备考研的你们一"研"为定、一战成"硕"！

NO.4　双非二本一战逆袭 211："相信自己，你比想象中更强大！"

姓　　名：程敏

考研总分：392 分

本科学校：厦门医学院—中药学

考研学校：西南大学—生物与医药

报名课程：SPA［政英二］早鸟全程陪伴营

扫描二维码获取
跨考经验分享视频

一、自我介绍

哈喽，各位同学，大家好，我叫程敏，是一名双非二本院校的考生。本科就读于厦门医学院药学系中药学专业，最终以初试 392 分的成绩上岸西南大学药学院生物与医药专业。

二、初试备考经验分享

(一) 择校经历

我是贵州人，考虑到研究生所读的学校很大程度上和以后的就业挂钩，自己也不想离家乡太远，所以择校范围就在西南地区。西南大学是一所历史悠久的学校，在西南地区的综合实力也是有目共睹的。还有一个主要的原因是我的本科学姐考上了这所学校，她可以给我提供很多帮助，这样我会少走一些弯路。西南大学是一个超级美丽的学校，学校的占地面积非常大，校园环境优美，学术氛围也很好，而且学校不存在压分行为，也不歧视本科院校，在综合考虑下，我选择了报考这所学校。

(二) 各科备考方法

1. 英语科目

关于英语，我觉得要紧跟老师的节奏。首先就是词汇，橙啦的 926 词汇书是精华。我们首先要把 926 吃透，不能浮于表面，真正地吃透这个单词，用橙啦英语老师教的词根词缀法、联想法等去记单词。我本身英语基础很差，也不爱背单词，但是当我认真地听完 926 的词汇课后，我发现背单词也没有自己想象中那么难。在背完 926 词汇后，建议大家多多积累在真题中遇到的词汇，如果还有足够的时间，你可以选择去背其他的词汇书，这时候你会发现你背起单词来没有那么吃力，而且你会发现橙啦英语老师教的方法非常好用。然后就是后期的晨读课，我觉得晨读课非常重要。如果条件允许，一定要每天跟上直播课。因为晨读的意义就是让我们有仪式感，让自己变得更加自律。当然，我自己没有跟直播课，因为大四的时候学校还有很多课程，所以我会早起把时间放在学其他课程上面，但是我之后基本上都会开倍速把晨读听完。所以要根据自己的情况适当调整计划，但是课程一定要尽可能都听。

2. 政治科目

因为我是理科生，所以在历史和政治方面非常薄弱。我的学习经验就是，一定要紧跟老师步伐，真的非常重要！为什么我会一直说这个呢，因为大部分同学都认为政治嘛，只需要最后一个月的时候背一下就行了，但是，我想说的是，政治也是需要我们好好学习的。就拿今年来说，选择题很多老师都没有押到，如果你最后只是背了老师的一些押题，没有一点点基础，那么我觉得你在考场上是非常绝望的。政治前期需要学习，但是不要有太大的压力，我就是跟着橙啦的课程走，最后的时候背了橙啦政治老师的模板。你永远可以相信橙啦政治老师，在最后阶段，你只需要去背橙啦政治老师整理好的资料就可以了。我相信如果你按照橙啦的课程走，政治最后真的不会差。

3. 专业课

关于专业课，我不考数学，每个专业情况都不一样。就拿我自己来说，我只有两门专业课，但是学校没有考试大纲，所以需要自己把握书本的重点。我从 9 月份开始准备专业课，总共过了 3 轮。我想说的是，其实不要太在意别人的节奏，只要做好自己就可以。在我过第一轮的时候，我身边就有同学已经开始第二轮甚至第三轮了，有些经验帖分享说他们专业课过了七八轮，但是，每个人的节奏不一样，每一遍复习想要收获的东西不一样，所以，千万不要因为别人进度快就焦虑。

三、复试备考经验分享

（一）复试基本情况介绍

我报考的学校除了同等学力的同学外，其他人是没有笔试的，所以没有参考书目。我们初试和复试的比例是 6 : 4，属于正常情况。

（二）复试大概流程

我们复试的大概流程就是前一天报到，第二天早上考实验操作，下午进行面试，一天就复试完了。

（三）复试经验分享

我觉得在复试过程中不要太紧张，要有礼貌，保持自信的状态，成绩一般都不会太差，其他复习都比较常规，正常复习基本可以上岸。

四、备考中踩过的坑

大家在看所报学校的专业书和参考书时，一定要认真！我就是看参考书的时候没注意买错书了，网上说相差不大，我就没有买新的，到了 11 月份的时候才发现有一些知识点没有，我又重新买了专业课的书。

五、想对学弟学妹们说的话

关于备考心态，我觉得做到对得起自己，全力以赴，让自己不留遗憾就可以了。不要想能不能考上，先尽全力去做，剩下的交给时间。关于作息，我觉得大家要根据自己的情况，找到适合自己的作息规律，不要一味地去参考别人的。

NO.5　在职单亲宝妈，备考 9 个月
一战上岸天津大学！

姓　　名：杨丹丹

考研总分：223 分（满分 300 分）

本科学校：天津师范大学—广播电视新闻

考研学校：天津大学—工商管理

报名课程：SPA 管综全科全程班

扫描二维码获取
跨考经验分享视频

一、自我介绍

哈喽，大家好！我叫杨丹丹，我是一名在职未脱产的单亲妈妈。我本科就读于天津师范大学的广播电视新闻专业，今年以初试总分 223 分成功上岸天津大学的工商管理专业。

二、初试备考经验分享

（一）择校经历

我的专业是橙啦老师帮助推荐的，考虑到我所工作的领域以管理和商务为主，而且在职考研时间精力并不充沛，MBA 的考试难度以及未来的学习方向较为符合我的需求，并且从经济条件考虑，全日制学费比较不容易造成经济负担。同时我工作生活必须在天津，天津两所 985 大学都是我的首选，而 2023 年南开大学并不招收全日制 MBA，所以天津大学就成了我的唯一选择。

（二）各科备考方法

1. 英语

复习原则：我的英语学习贯穿始终，上半年基础，下半年技巧，最后三个月背作文模板和关键句。

复习节奏：一共三轮，一轮复习系统化，二轮复习精确化，三轮复习技巧化。

备考资料：橙啦 926 词汇、橙啦长难句、英语 10 年真题。

备考方式：听橙啦老师的安排，把所有线上课至少刷两遍。

由于我是在职考研，无法按时上直播课，而且学习时间有限，所以我几乎都是听回放，并且全程二倍速（橙啦老师的语速特别适合二倍速，完全不会听不清楚，而且效率很高），当然也许会漏掉许多诙谐幽默的部分，有点可惜。我的学习时间比较碎片化，所有背单词的时间都在地铁上。我会把单词录制成语音，睡前、做饭、走路时反复听。英语笔记比较重要，因为复习一轮之后，很多已经会的内容就可以不用重复了，所以笔记就成为二轮复习重点知识的工具，记下的都是不熟不会和重点的。我是课程过半开始刷题，至少刷了三遍，一刷试水平，记错题。二刷拆单词，标技巧。三刷找规律，说考点。真题吃透，基本可以猜出今年考什么，以不变应万变。最后把题里还不认识的 926 单词都标出来做卡片，碎片化时间着重记忆。

2. 专业课

（1）初数备考

参考书籍：橙啦初数基础、强化、冲刺教材，真题。

作为一个文科生，我从小最弱的就是数学，好在所考内容比高考要简单。数学最重要的是记题型和公式，很多题都可以套公式，如果记忆力不好，就靠刷题。

第一阶段：把所有基础网课听一遍，按照章节系统熟识考试大纲内容，虽然练习题一学就会，一做就废，但至少落一个眼熟。

第二阶段：强化课程找规律，听明白重点难点和不常考点的区别，有些又难又不常考的可以直接放弃，切忌一道难题耗一晚上。笔记要精练，找出符合自己特点的记录方式，比如知识点＋例题＋技巧＋重点＋错题，每个章节周而复始。

第三阶段：刷题，把真题刷三遍，第一遍记下来错题，第二遍在错题上标注上笔记的知识点位置，然后把反复错的章节回头重刷网课，直到不再出错。第三遍练习速算，模拟考场测时，练心理。我建议把初数学习放前面，因为对于文科生来说，越到后面越焦虑，越错题越容易放弃。

（2）逻辑备考

参考书籍：橙啦逻辑基础、强化、冲刺教材，管综真题。

我最喜欢逻辑，因为很像小时候的脑筋急转弯，只不过更系统、有章节、有脉络。实话讲按照老师的章节脉络，我还是很糊涂，但是我梳理出了自己的章节脉络和学习节奏。逻辑并不都是从易到难，从简到繁，很多时候是相互交织的。所以梳理自己容易理解的思维导图很重要。我是把逻辑归为三类：靠公式直接推答案、靠阅读理解出答案、阅读＋公式复杂推理。

第一类，公式熟识度很重要，要么狂背定义和公式，要么狂刷相同类型题，熟了很容易攻克。

第二类，靠阅读理解，语感很重要。我会不直接做题，就每天把所有题读三遍，提高理解能力和阅读速度以及对于选项的快速比较能力，很多时候逻辑都输在没读完题上，所以勤加练习，先学会用最快的速度读懂中国话，学会判断哪些是重要关键词，哪些是没用的干扰内容。

第三类，综合性复杂题型，先得理解，再套公式，还得加技巧。这个除了知识掌握水平、熟练度以外，就是对蒙题的敏感度。蒙题并不是全选 C，而是通过技巧以及不停刷真题练就对选项细节的敏感度，历年考研出的题，很多点是重复的，很多选项是有规律的，其他干扰选项很多是用来凑数的，敏感度到位了，不一定能选出必定正确的，但至少可以选出必然错误的，排除法蒙概率。我建议把逻辑学习放在中间，可以作为脑筋急转弯，来调节学习紧张程度。

（3）写作备考

写作，个人浅见，首先练一手好字很占优势。阅卷老师每天判成百上千张卷子，没有时间对你的文章反复推敲，写作作为管理学综合唯一需要手写的内容，字好不好看决定了老师在你卷子上停留的时间以及好感度。本人考试时一手娟秀的小楷，明显淡化了跑题的失误。在逻辑 10 道选择题没读完全靠蒙的基础上，仍然考了 146 分。我有理由相信，作文一定没少给我分。虽然我文笔还不错，但我确实在大作文上感觉自己有点跑题，而且并没有完全符合老师曾经教过的方法和技巧。所以要么你基础打得好，认真听课认真练习；要么你就练字，多少能给自己补个短，当然字好是非常小的层面。逻辑作文的主要内容还是对逻辑的分析能力、语言组织能力，以及围绕主题的个人理解和个人思想。没别的技巧，就是多练，作文一般安排在考试前 3 个月开始练就可以。橙啦有一本写作教材，对于我来说，除了一些模板化的句子背了背，书我基本没看，网课就够了，剩下就是不断练习，然后让老师批阅，老师批阅回来的批注比书管用。

（三）复习心态方面

最后单拿出来心态调整总结一下，周期性焦虑、考前紧张、犹豫放弃、失望崩溃都是很常见的。考试节奏需要自己把握，别人的经验都是参考，并不能硬套，不然自己无法共鸣很容易心态崩溃。学习经验的同时总结自己的经验，每个人的笔记都不如自己的笔记更能真实地反映自己的知识吸收度。我考试的时候，考场都没坐满，还有上午考完下午就不考了的。只要你坚持到最后，哪怕就写了一个字，都已经超越了放弃的人。每一次我对自己产生怀疑的时候，都告诉自己，没事，但做好事莫问前程，一切随缘，大不了从头再来。压力就少一半，剩下的一半转化成动力，投入按部就班的学习中。心情不好了跟班主任和老师说说，每隔一段时间橙啦老师就会准备一节心理调节和学习规划的课程，调整一下学习方向。总有一群人陪着你跑，他们都不会放弃你，你又何必放弃你自己。就这样按部就班地学习，我一个每天工作 8 小时的单亲妈妈不都一战上岸了吗？

三、复试备考经验分享

2023 年天津大学复试是线下复试，提醒各位提前加天津大学复试备考群（官网信息发布），按照阶段性要求，准备相关材料，比如论文、准考证、专业方向知情表，等等。招生信息每一个字都看清楚，我就是忘了交专业方向知情表，还好老师通知我补交了。复试费用 90 元，非全日制通过提前面试的，交了论文就不用面试了，其他没提前面试的都是现场面试。现场面试内容包括时事政治、历史、综合素质、专业能力、英文、自我介绍。

（一）自我介绍

一定要提前准备自我介绍，背熟了再自然点就 ok，一般 1~3 分钟，内容包括基本情况、特色亮点、学习工作经验、未来规划，字数不够语速凑。橙啦有专业的复试辅导，直接按照模板自己拼一下就好。我准备了至少 5 分钟，一听见 1 分钟就慌了，害怕太长被催或者打断，影响节奏，还好老师非常温和，从头至尾没有打断我，倒是我自己漏背了两段。

（二）针对专业的问答

我们是每人抽一道题，上面只有一段材料陈述，没有问题，大概 200 个单词。然后老师根据材料提出对应的问题，测试你的阅读能力、单词量、语言组织能力和听力。我回答的内容 60% 是把所有话题都往曾经背的通用模板上靠。比如提前准备好你的特点、爱好、优势、劣势、考研原因、未来规划等你觉得老师有可能会问的问题，准备一些针对性不强的通用句子，然后围绕着问题把熟悉的通用句子背出来。橙啦老师在复试准备阶段会针对常考内容提供很多模板化的句子和文章，还录制成音频，多听几遍就进脑子了，有了语感就好照着套。事实证明复试虽然是随机选题，但应对方式离不开两点：第一必须提前背模板，第二必须提高听力能力。最后加一点随机应变能力，临场发挥就行。除此之外，把自己的工作经验和学校实践内容在自我介绍时多说一些，有利于提高印象分，即使英语不好也能弥补，毕竟选的是综合人才而不是英语说得好的。

四、想对学弟学妹们说的话

没想好专业和学校的先不用着急，我的建议是先踏实学英语，再通过橙啦学管老师给你数据分析利弊，我的学管老师，把几个备选学校历年招收录取比、分数线、考试内容经验都给搜好了，还帮我打电话问了学校有没有提前面试，给了很多建议。她还给了我很多信心，我一直觉得自己考不上 985，她却一直劝我说没问题，即便好几次管理学综合考试都 70 多分，她也会不流于形式地表扬我。有一个人一直相信你，会让你的自信心一直都在线。其次，尽量还是找机构听网课，吸取前人经验永远比闭门造车来得简单。还有，找个人一起考研这事得分人，他不好好考会影响你的决心。我跟朋友一起准备考研，他一直玩游戏，结果没考上。幸亏我没受影响，也幸亏我考的专业相对简单。最后，心态平和，一切随缘，努力就好，大不了重来。每天复习 6~8 个小时就够了，时间太长压力倍增，前松后紧，最后三个月最好脱产。到了最后两天，啥也不看，去就行。

我一个 36 岁的单亲妈妈，正式复习不到 9 个月，天天上班还要照顾孩子，都能考上，你比我还没优势吗？虽然考的专业不是很难，但投入产出比很可以了。只要付出足够的努力，不怕考不上！

NO.6 二战涨 81 分！
"三跨"上岸财经名校！

姓　　名：宁妍

考研总分：383 分

本科学校：江南大学—包装工程

考研学校：西南财经大学—金融学

报名课程：SPA 经济学定校班

扫描二维码获取
跨考经验分享视频

一、自我介绍

哈喽，大家好！我是宁妍。我本科学校是一所普通理工类 211——江南大学，考研是"二战三跨"，最终成功上岸西南财经大学中国金融研究院金融学，初试成绩 383 分，复试成绩 86.05 分，综合排名第三。初试出现严重偏科情况，希望通过我的经验分享，让学弟学妹在备考过程中能够引以为戒。

二、初试备考经验分享

（一）择校经历

第一年本着一颗向往北京的心，加之理工背景对政治经济学背诵的恐惧，我选择了对外经济贸易大学，由于自身和外界的各种原因导致"一战"326 分无缘上岸。在进行了深思熟虑之后，决定了"二战"。择校转折点出现于第二年暑期，做专业课题目的压迫感使我一度对自己的经济学学习能力产生了怀疑，甚至一度想要放弃跨考，开始备考工科院校。经历了数天的心理斗争和与父母、老师、朋友的交谈，我决定继续跨考经济学，并开始重新择校。

西南财经大学位于四川成都，公共课改卷严格程度略低于北京，加之西南财经大学 2022 年专业课难度较低（2023 年难度明显提升，进入复试的学生专业课分数由 129.1 分下降至 120.85 分。主要是政治经济学难度明显增加，后面专业课部分会详细说明），从而选择了改考西南财经大学。

西南财经大学共有两个学院招收金融学专业，分别为：金融学院和中国金融研究院。

金融学院：金融学院的金融学是西南财经大学的王牌专业，分为专硕金融和学硕金融两个专业，学硕有 6 个方向，其中 06 方向（行为金融）单独招生。金融学院的师资较为雄厚，有殷孟波、张桥云、赵静梅、周明山等学术大牛，更有申宇、许志等科研较为厉害的青年教师。缺点：金融学院招收的学生太多，既有专硕，也有学硕，教授每年可带学硕＋专硕学生总人数有 10 人左右，学生太多的话老师可能无法顾及每个学生。

中国金融研究院：中国金融研究院是按照教育部《普通高等学校人文社会科学重点基地建设计划》组建，2000 年 9 月被正式列为教育部人文社会科学百所重点研究基地之一，也是教育部唯一的国家级金融研究基地。金融研究院不招收本科生，研究生仅招收金融学学硕一个专业。师资情况：金融研究院师资力量雄厚，既有长江学者王擎、刘锡良这样的学术大牛，也有原广发证券总裁李建勇等行业大佬，更有工作 3 年就发了 2 篇《经济研究》的朱光伟等青年才俊。金融研究院学生少、老师多，每位导师每年最多带 5 名学生。学院规模较小，氛围好，同学关系融洽。

在对比学院特点以及综合当年统考招生人数后，我决定报考中国金融研究院。

（二）各科备考方法

1. 政治科目

政治包括马克思主义基本原理、毛泽东思想和中国特色社会主义理论体系概论、中国近代史纲要、思想道德与法治、当代世界经济与时事政治五个板块。除非后期时间非常充足，否则不建议 9、10 月再开始政治学习，尤其是在政治经济学同样需要大量背诵的情况下。我本人是典型的理工生，文科类政治很难做到别人口中的"政治随随便便都可以 70+"。我是从 5 月中旬开始政治的学习，在暑假之前，一周只花一两个小时学习政治的马克思主义基本原理部分，马克思主义基本原理部分逻辑较强，理解为主背诵为辅，学会之后不容易忘记。政治其他板块不用着急开始。暑假学习中国近代史纲要与毛泽东思想和中国特色社会主义理论体系概论板块的相关课程，中国近代史纲要与毛泽东思想和中国特色社会主义理论体系概论部分知识点多而碎，记忆难度大，暑假只需有印象即可，无须焦虑看完就忘，这是正常现象。思想道德与法治和当代世界经济与时事政治的强化课无须观看。暑期学习强度大，可以通过政治课程缓解一定的压力。9—11 月开始串联政治各板块重点知识并学习答题技巧，开始认真学习消化选择题技巧与大题技巧，并且开始背诵。

12 月开始冲刺，每天都需花一定时间进行背诵。各类押题卷只看选择题即可，即使出现选择题只得 20 来分也无须惊慌，重要的是记住知识点，然后就是反复刷题。

2. 英语科目

我英语最终成绩 74 分，鉴于我备考这两年英语都非常差，此处说一下我的英语反思。

我英语踩过的坑：

（1）太过迷信阅读技巧，忽略单词语法的重要性（考前的英语一、二真题模拟阅读错误量都在 2~6 个，但是考试结果不尽如人意）。

（2）阅读花费时间过长，完全放弃了完形填空。

（3）作文准备太晚，模板使用不够熟练。望大家一定引以为戒，避免出现严重偏科现象。

3. 数学科目

我数学成绩最终 120 分，坦白讲数学 120 分是不尽如人意的，主要在于第一天政治、英语难度极高，在考数学时出现了心态问题，以至于难以发挥正常水平。数学复习备考阶段规划如下：

（1）4—7 月

我开始各科的基础学习，我是高数以及线性代数 / 概率论穿插学习，同时穿插做例题和习题以及 660 的填空题部分。以一个章节为节点，高数和线性代数看完一章的课程写一章的题，概率论直接看的书，边看书边做题。我数学基础课进度较慢，但是一定要记住基础不牢地动山摇，基础牢靠能保证在出现各种突发状况的情况下成绩不会太差。在强化开始前，线性代数和概率论可以花四五个半天的时间集中写完 660 选择题部分，找出自己出现问题的章节，在之后的强化课中着重学习。

（2）7—9 月

开始看强化课，和基础课一样，也是各科穿插学习，防止出现学完一科就忘记另一科的情况。也是以一个章节或者板块为节点，看完一章的课程写一章的题（先写讲义的例题和习题，而非直接使用习题集）。这个阶段使用的习题集是 880，综合其他学科的时间安排，重点写自己的薄弱章节。

（3）10—12 月

由于政治和政治经济学在这个阶段占用了我大量时间，加上之前数学学习自我感觉尚可，这个阶段仅保持 1~2 天写一套真题或模拟卷。先做真题，我是从 2010 年的题开始写，再做模拟卷，尽量在上午，根据考研安排 8∶30~11∶30 完成并加以订正，直到考试前都一定要保持数学做题的感觉。

4. 专业课科目

我的专业课成绩是 137 分，西南财经大学经济学分为 801 经济学（一）和802 经济学（二），801 针对的是理论经济学的考生，802 针对的是应用经济学的考生。二者具体区别为：801 考政治经济学（90 分）+ 西方经济学（60 分），802 考政治经济学（75 分）+ 西方经济学（75 分）。

在复习资料上，我用的是橙啦经济学基础讲义 + 橙啦经济学强化讲义 + 西财 801/802 真题 + 西财 802 经济学（二）专业课大纲。

西南财经大学专业课不同于其他考政治经济学的学校，政治经济学占比非常高，且是除了中国人民大学外唯一的考政治经济学计算题的学校，所以必须非常重视政治经济学的学习。西南财经大学经济学没有客观题，政治经济学部分包含辨析题、计算题、简答题和论述题，西方经济学部分包含计算和简答题。备考规划如下：

（1）4—6 月

西方经济学基础学习，按照看书—听课—做题的顺序。看完一章的高鸿业教材后，再去听橙啦经济学老师的课程。经济学老师的基础课十分详细，对跨考生非常友好，能帮助考生加深理解和形成经济学系统思维，课上还会提到经济学热点问题，对复试也非常有帮助。西南财经大学的西方经济学部分最近几年基本只考初级内容，相较于强化课，基础课显得更加重要，难度也更接近西南财经大学考试难度。听完课后开始写高鸿业课后重点题。

（2）6—9 月

重点在政治经济学资本主义部分的学习，我采用的是看课—写框架的流程。政治经济学教材不需要全看，对于课上不理解的地方再去看教材。框架对于后期学习非常重要，不仅是帮助形成系统思维，后期也是通过看框架想内容来进行巩固。西方经济学每天花 1~2 小时看经济学讲义，不理解的地方看课程，这个阶段西方经济学也需要写自己的框架图。

（3）9—10 月

政治经济学社会主义部分整理，西南财经大学的社会主义部分，不仅会涉及当年的热点内容，同样会涉及课本内容，考试面广。热点经济学老师会帮助整理资料，所以 9、10 月重点是课本内容。政治经济学社会主义部分想要完全背诵是几乎不可能的，而且也没有足够的时间，所以社会主义部分的记忆方法是"写关键点"，依据大纲写出每个知识点的关键点。背诵的时候，也是通过在草稿纸上默写关键点的方式加强记忆。

（4）11—12 月

政治经济学资本主义部分辨析题和计算题练习（程恩富《现代政治经济学习题集》）；社会主义部分反复默写背诵，记得背诵课程老师给的热点；西方经济学看讲义看框架防止遗忘，每周模拟一套真题或模拟卷。

三、复试备考经验分享

金融学复试参考书：翁舟杰《货币金融学》（占比 40%）、罗斯《公司理财》（占比 30%）、博迪《投资学》（占比 30%）。

复试大致流程：

第一天：报到 + 专业课笔试。

第二天：专业课面试（流程为：自我介绍—专业课抽题—向老师念题—回答题目—老师追问—英语抽题并回答—思想政治素质考核）。

西南财经大学复试较早，国家线出线后两周左右就进行复试，金融学专业参考书目多，建议不要等到出线后再开始。复试占比 30%（其中笔试 40%，专业课面试 40%，英语面试 20%），中国金融研究院在面试时可以准备简历。面试时会出现经济金融的热点和时政问题，所以要在初试结束后多关注热点问题。

四、想对学弟学妹们说的话

希望学弟学妹们认真准备考研，祝愿你们都能顺利上岸！

NO.7 双非考研，专业第一逆袭 211！
勇敢面对才能成就封神之路！

姓　　名：郑锦舸

考研总分：417 分

本科学校：天津师范大学—应用物理

考研学校：西南大学—学科物理

报名课程：SPA 全科全程班

扫描二维码获取
跨考经验分享视频

一、自我介绍

哈喽，大家好，我是郑锦舸，我本科就读于天津师范大学应用物理专业，一开始打算报考物理学硕，但是通过对自身的能力分析觉得搞科研对自己不太现实，于是选择报考学科方向。对比了不同初高中的招聘要求发现，好一点的学校都需要直属师范院校的研究生，于是打算努把力，报考西南大学，另一个原因就是我的女朋友也在西南大学。我从 2022 年 3 月份开始备考，最终以初试专业课第一的成绩上岸西南大学学科物理专业。

二、初试备考经验分享

（一）英语

1. 单词

英语是一门需要长线准备的学科，尤其是对于单词的积累。如果时间比较充分，建议大家可以把单词记得更深一点，即理解单词的语境和使用规则。

此外，记单词时要讲究方法，其实所有的记忆都有一定的规律，详见专业课备考中的背书方法部分。

2. 做题技巧

除了单词，我认为最重要的就是做题技巧。其实考试大纲也指出，研究生英语考试会考查我们提取关键词的能力。所以怎么提取关键词，怎么提取对的关键词，怎么快速地提取对的关键词，就尤为重要。这里我不得不提橙啦英语老师的英语阅读技巧课，真的可以帮助我在短时间内做对阅读题。像我在考试的时候，运用橙啦英语老师的方法，可以保证一篇阅读平均用时 13 分钟，正确率百分之百。

3. 写作

最后就是写作，如果你的英语能力很强，我建议可以脱离模板，让自己的文章别出心裁。但如果你是英语中等生，我强烈建议大家听听橙啦英语老师的英语写作课。英语老师的课程特点在于可以让你在欢笑中学到干货，考场上一看到作文题，就能文思如泉涌。在听英语老师讲课时，一定要注意动手！动手！动手！英语老师会通过带学带练的方式，让你在一次次动手中发现自己的问题，这些问题可能是你光靠想发现不了的。另外，建议大家在考前把每一个语法易错点、拼写易错点烂熟于心。只要小错误不犯，大框架清晰，你的分就不可能低。

（二）政治

政治我要特别感谢橙啦政治老师，在前面选择题较难的情况下，我用橙啦政治老师的政治大题模板得了 40 分。我学习政治的时间比较长,从 5 月就开始准备了,所以这让我的政治基础比较扎实。但是,无奈 2023 年的政治选择题让我扎实的常规政治基础没有发挥的空间。不过,后面的考研政治题我们无从知晓,所以还是要重视基础,尤其是一些记忆性的知识点,你要做到心中有数。

到了 10—11 月份,时政陆续出炉,这时橙啦政治老师会带着大家背大题模板,背一道就有 8~9 分到手,真的很好。但是这就意味着你要在这个阶段腾出时间给政治,所以前期的基础一定要打好。

关于马克思主义基本原理,有人觉得很难理解,其实你只要记住并理解一些核心概念就好了,很多其他概念都能用核心概念来帮助理解。例如理解了绝对性和相对性后,你就很容易理解共性和个性。

关于做题,要记住做题不在多,而在精。要把每一道错的题搞懂,对的题有时候是蒙对的,你也要搞懂。有时,每一道题还会有延伸,需要你对比、区分。还有就是疑罪从无,就是你不知道它哪儿错了的话就算它是对的,考研政治多选大都是 4 选 3,所以做多选不是看每一个选项对不对,而是找错。

(三)专业课备考

专业课才是重头戏!今年考我们专业的同学,基本都是在专业课上拉开差距的。下面我分别从总体规划、整体备考计划、背书方法等方面来分享。

1. 总体规划

总原则:少看书,多背书。少看书不代表不看书,你可以看 1~2 遍。第一遍的主要目的是搞懂每一个知识点的意思,以及对整本书的框架有一个印象。因此,第一遍看书时要做四件事。

(1)读完每一章,把每一章的框架画下来。我的建议是不要用平板电脑画,框架不用画得多精细,最多到四级主题就好了。

(2)勾画。不是勾画自己觉得重要的点,而是勾画需要背的东西。需要背的东西不是自己说了算,而是考试范围和历年真题说了算。大家可以找一份已经勾画好的书，然后再买一本新书，边读边照着电子版勾画，这里不建议拿着电子版的资料背，最好自己勾。勾画的方法也有讲究，比如一级主题你可以用一种颜色，二级主题你可以用另外一种颜色，重点用一种颜色，次重点用另一种颜色，等等。勾画的原则是做到一目了然，让自己有背它的欲望，至少不能反感。

（3）读书。不要追求速度，一天读一章就可以了。特别是《教育原理》和《心理学》这两本书，好好读，真正地理解它。

（4）大概背一下框架，就是之前自己勾画的内容，不用背得很熟，比较熟就好了，后面还要继续背。

至此，第一轮读书圆满结束，至于第二轮阅读，我认为没必要。可以对自己理解不清晰的地方再着重读一下，不过这些都是在第一遍阅读的时候可以解决的。如果读书的时候觉得理解困难，可以选择跟着课程，看完一章的课程后再读书，读书发现不理解的地方，返回去再看课程对应的地方。读完后，不要马上背书，先背熟之前画的框架。一本书花个 5~8 天，这几天不光要背框架，还要背小点。举例如下：框架只会写到学生的义务这一点，但是还需要背 1、2、3、4 小点。

背完了框架，你就可以正式背书了。建议一本一本背，背书大概可以分为 5 轮，也就是背五遍。其中 1、2 遍最痛苦，之后背书的难度指数会降低。

2. 整体备考计划

（1）3—5 月：把书读好，把上文说的四件事做好。

（2）5—8 月：先背好一本书的框架加小点，然后开始背这本书，两个半月完成第一轮背诵（四本书）。

（3）8—10 月：完成第二轮背诵。

（4）10—12 月：完成后三轮的背诵。

3. 背书方法

背书贯穿始终，要做的是找到适合你的方法，下面分享一些我觉得适合我的以及其他一些不错的方法。

（1）121323法

把一天要背的内容分成三个部分。

上午：先背第一部分，背到大致熟悉就可以不背了；再背第二部分，第二部分有点熟后背第一部分，把第一部分背熟，然后背第三部分……以此类推。这样做的好处在于可以给大脑足够的冷却时间，实现对同一内容的短时间多次记忆，这样记得会更牢。当然，你的顺序也可以是123123。

下午：123连起来背，不再像上午那样分开背，而是连起来背。

（2）求生记忆法

研究表明，人在饥饿、寒冷等情况下，大脑会更加活跃，所以可以利用11：00~12：00这种吃饭前的时间加大记忆力度，有时候还可以适当脱一件衣服，或者到室外冷一点的地方背书。

（3）奖励记忆法

根据斯金纳的操作性条件反射原理，可以使用奖励记忆法，当顺利地完成当日记忆任务时给自己奖励，当自己没有完成任务时，取消奖励。

（4）录音记忆法

可以将自己要背的内容，或者一直记不住的内容录下来，没事的时候戴耳机反复听，而且不一定有意识地听，有时候无意识地听也可以对记忆有一定的帮助。

（5）图文结合记忆法

这个记忆方法非常有用，理论依据是人们对图像的记忆能力优于对文字的记忆能力。你可以画一些独特的图，这些图可以帮助你记住内容。

另外，图文记忆法其实充满了乐趣，可以让你的背诵更加有趣。

（6）口诀记忆法

可以通过口诀再现内容，例子：现代教育的共性一共有六点（《教育原理》第二版第60页）：

a.扩大教育对象，使人成为合格劳动力。

b.重视教育立法，使教育实现更好地育人。

c. 教育内容丰富，使人的发展越来越丰满。

d. 教育手段现代化，提高育人的效率。

e. 重视国际教育化，教育交流合作频繁。

f. 重视教育研究，提高育人的科学。

这六个大点概括为口诀"法国内研究对手"（我的指导老师教我的），其实完全不必担心记忆口诀会增添负担，当你记住它后，会觉得它真的很有用。另外，在注重记忆方法的同时，你要遵循以下几个原则：

①趁热打铁原则：根据艾宾浩斯遗忘曲线，记忆后的 1 分钟、1 小时、1 天是你需要复习且效果最好的时间点。

②利用睡前时间原则：研究表明，睡前记忆内容由于没有后摄干扰，记忆效果会更好。当然，你需要第二天早上起来回顾该内容。

③分散记忆原则：别想着一口气记熟所有内容，9：00 记一会儿，11：00 又来复习，然后下午 2：00 又来看一看，睡前再看一看，这样，你会记得很牢。

④边读边背原则：背书不要一味读读读，当你读到一定程度，可以试着背诵，记不起来的时候再打开书看。

⑤多种记忆方法相结合的原则：不要单一使用一种背书方法，而是对不同的内容采取更合适的记忆方法，并动员多种感官参与记忆，你的效率会更高。

（四）心态管理

背诵第一、第二、第三遍时，肯定会面临背了又忘的情况，这时，你需要采用一些方法，或者是暗示，或者是暂停，来帮助自己调整心态。要始终相信自己，可以适当想想上岸后的幸福生活，想想将来漫步在目标院校的喜悦，等等。如果实在背不下去了，可以转移到较轻松的学科，例如橙啦英语老师的写作课，或者出去玩一下，放松身心。记住，到后期，拼的是身体和心态。

（五）考试技巧

1. 考前可以模拟，但是没必要做一整套的卷子

可以抽几道题来找找感觉，看看自己写一道题要多久，并估计答完卷子所

需要的时间，按照经验，考试时间 3 小时，这 3 小时你的手是不会停的，要一直写，所以手部耐力也是要训练的一项。

2. 考试时，排版一定要清楚，小点写得一定要清楚、明了

这是批卷老师着重看的地方。实际上，你小点写出来了，具体内容甚至可以自己凭借理解来写，而且分数都不会低。除了小点，自己的答案，特别是论述题的答案，尽量满足总—分—总的结构，这会让老师觉得你的思路清晰。最后，千万不要空着不写，你考的是教育，不是数学，很多题目都是主观题，遇到没有背到的题，就尽量想办法往你背过的内容上靠。

例子：（2023 年考研 904 原题）如何判断一个人的高兴是真的高兴，而不是伪装的。

显然，没有人背过这道题，所以，你要把它和你背的东西联系起来，我是从心境、性格结构的复杂性、微表情分析来回答的。如果完全想不到与之联系的知识点，就可以放手一搏，完全凭你对这个知识点的理解来写，总之，不要空着。

三、复试备考经验分享

学科物理复试分为加试、面试，跨学科和同等学力考生需要加试。加试书目是赵凯华《电磁学》第二版和漆安慎《力学》第三版。

面试流程：候场—复试场外候场—入场—自我介绍—抽题—2 分钟思考—回答—英语问答—自我补充（注：以上只是我个人的复试流程）。

总之，只要复试不离谱，你的初试排名基本等于你的总排名，所以，初试成绩一定是重中之重！

四、想对学弟学妹们说的话

接下来你们考研，注定和以往一样充满着机遇，同时，也充满着快乐、痛苦、孤独……很佩服你们明明知道要经历什么，仍然勇敢面对！虽然上岸者是少数，但也要坚信自己一定能行！

志哥推荐

学长学姐资源库介绍

成功确定院校和专业，是考研的第一步。但当正式迈入备考阶段后，各种问题也接踵而至：靠谱的考研经验帖怎么找？怎么用？从哪搜专业课真题？去哪里找真实的直系学长学姐？

为了给万千考研学子保驾护航，橙啦致力于打造行业最大专业课资料库，截至目前橙啦专业课资料库已收录真题资料 185 000+ 份，学长学姐 35 000+ 名，导学课 2 000 余节，成功案例经验文字稿 200 万字。

橙啦专业课真题资料库中，为学员提供了专业的备考资料，覆盖全国 544 所院校，985/211/ 双一流院校均涵盖，可以满足 80% 学员的大部分需求，其中 8 000+ 个热门专业方向，包含近 10 年真题 107 845 份，近 5 年真题 30 347 份。150G 庞大资料库，从根本上解决学员"找资料难"问题。

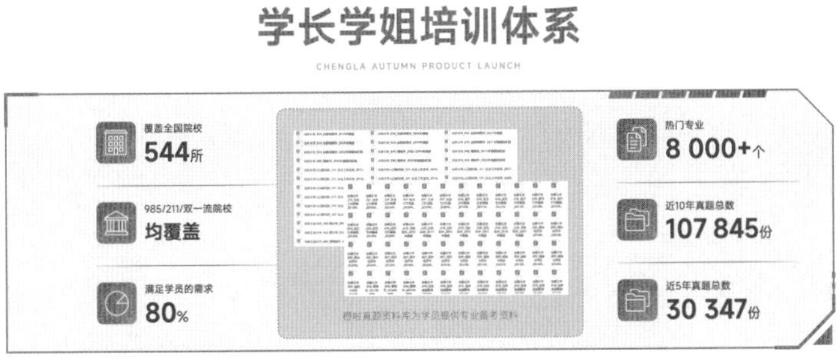

图 12-1　橙啦学长学姐培训体系

导学课库共包含 2 000+ 节学长学姐导学课，覆盖 420 所热门院校，2 314 个热门专业。个性化地解决不同院校专业学生的专业课备考问题。用一节课带考生了解院校专业特性、最新命题趋势、考情信息。

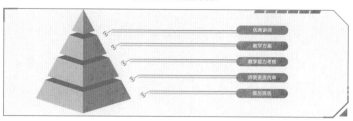

图 12-2　橙啦考研资料库

课程的优质离不开优质的师资，橙啦学长学姐库优选专业课成绩高分、排名靠前、授课经验丰富、认真负责、有成功案例的学长学姐。筛选过程极为严格，专业质检人员在信息审核、简历筛选、资格审查、试讲等环节层层把关，4 轮考核全部通过后才可顺利上岗，最终师资通过率仅为35%。橙啦严选，值得信赖。

问：志哥，橙啦每年上岸那么多学员，往年上岸的同学里，哪位留给您的印象特别深刻?

橙啦每年都会给考上的学长学姐办一个奖学金盛典，不仅把获奖的学员拉群交流，每年我还会请他们吃饭、与他们聊天，所以也认识不少往届学长学姐，基本都是跨考的。印象最深的是刘娟，她是 2022 级橙啦 SPA 学员，本科就读于黄河科技学院，很多同学可能都没听说过这个学校，这是一个三本院校。她本科学的是护理学，所以毕业后在医院工作了十年，然后才觉悟起来要考研。这个时候她已经毕业十年，而且当了妈妈，但就是在这种情况下，她还是选择了考研。最后在在职备考的情况下，高分考上了北京大学的护理学，她的这种毅力让我非常佩服。通过很多学长学姐的上岸经验分享，看看他们面对的挑战和困难，你会发现考研没有你想的那么难，考研会赋予你更多的勇气和智慧。